Dechen Shak-Dagsay
MANTRAS

DECHEN SHAK-DAGSAY

MANTRAS

Meine Erfahrungen
mit der heilenden Kraft tibetischer Weisheit

Allegria

Allegria ist ein Verlag der Ullstein Buchverlage GmbH

ISBN: 978-3-7934-2273-0

© 2014 by Ullstein Buchverlage GmbH, Berlin
Lektorat: Marita Böhm
Umschlaggestaltung: X-Design, München
© Innenillustrationen: fotolia:
Guillaume Le Bloas/csiribiri/NH7
Satz: Keller & Keller GbR
Gesetzt aus der Minion
Druck und Bindearbeiten:
Friedrich Pustet, Regensburg
Printed in Germany

Inhalt

Widmung

In tiefer Dankbarkeit widme ich dieses Buch
den beiden größten Vorbildern in meinem Leben:
meiner Mola Dzayum Dechen Pemo la
und meiner Amala Dagsay Yischi Tsdedön la.

Tashi Deleg –
Möge es Ihnen gut ergehen

»Daheim in zwei Welten« heißt ein Dokumentarfilm, der die Geschichte meiner Familie und meine Tätigkeit als tibetische Mantra-Sängerin beleuchtet. Dieser Film wurde mehrmals von verschiedenen Fernsehstationen gesendet, und auf einmal erfuhren unzählige Menschen von mir und meiner Musik. Die Freude an den Heilsilben und die zum Teil sehr tief greifende Wirkung, die von meiner Musik und den Mantras ausgeht, habe ich seither an unzähligen bewegenden Begegnungen feststellen können, was mich persönlich mit großer Dankbarkeit erfüllt.

Die tibetischen Mantras, die zu einem festen Bestandteil meiner Musik geworden sind, verkörpern die Essenz der Lehre Buddhas und lösen auf meinen Konzerten in den Menschen etwas ganz Besonderes aus – was sie mir jeweils in berührenden Worten erzählen. Es war und ist mir wichtig, dass ich jeden einzelnen Ton der gesungenen Mantras mit meinem zutiefst empfundenen Wunsch für das Wohlergehen aller Lebewesen begleiten kann. Möge der Klang der Mantras die Herzen der Menschen berühren und sie über einsame und schwierige Momente ihres Lebens hinwegtrösten wie die liebevolle Umarmung einer fürsorglichen Mutter.

Als ich Anfang 2001 begann, die ersten Mantras für eine Begleit-CD für ein Einführungsbuch in die tibetische Meditation meines Vaters Dagsay Rinpoche zu singen, hatte ich noch keine Ahnung, wohin mich das einmal führen würde. Tibetische Mantras wurden bis zu dieser Zeit eher traditionell tibetisch – in einer Art monotonem Sprechgesang – vorgetragen, was mir persönlich gefiel, da es mich an meine Kindheit erinnerte und unmittelbar ein Gefühl der Geborgenheit ausstrahlte.

Da ich die Melodien aus meiner tiefsten Intuition schöpfte und in voluminöse, helle und intensive Tonfolgen übertrug, kommentierten die Tibeter, das sei gar nicht tibetisch, während die Westler sie als wunderschöne »typisch« tibetische Klänge empfanden. Mein Vater tröstete mich, es sei völlig in Ordnung, wenn meine Musik nicht typisch tibetisch klinge, da durch die nicht-tibetische Instrumentierung ohnehin eine völlig neue Kunstform entstanden sei.

Zu jener Zeit gab es noch sehr wenige Mantra-Sängerinnen, im Westen existiert diese Form der Musikkunst erst seit den 1990er-Jahren, und den einen oder anderen unter Ihnen sind vielleicht die Namen Yungchen Lhamo, die eher in der Folkmusik zu Hause ist, oder die in Deutschland geborene Deva Premal, die Sanskrit-Mantras zu zeitgenössischer Musik singt, vertraut. Eine für mich wichtige Stimme gehört der großherzigen buddhistischen Nonne und Musikerin Ani Choying Drolma, die ein wunderschönes Album mit Chöd-Gebeten aufgenommen hat. Meine Mutter hörte diese CD sehr oft und sagte, diese gesungenen Gebete erinnerten sie an ihre Kindheit in Tibet, an den Ort, den sie mit Heimat verbindet und wo sie diese Chöd-Gebete am liebsten gehört hätte. Obwohl ich diese Gesänge durch sie und weit weg von ihrem Ursprungsland zum ersten Mal hörte, schloss ich sie sofort in mein Herz.

Die Musik nahm schließlich immer mehr Platz in meinem Leben ein, sodass ich mich nach intensiver Prüfung meiner eigenen Absichten dazu entschloss, meine Tätigkeit als Marketingassistentin aufzugeben und mich ganz meinem Herzensprojekt zu widmen. Denn wenn es mir gelingt, mit meiner Stimme und den segensreichen Mantras die Herzen der Menschen zu erreichen und ihnen ein Gefühl der Geborgenheit und der Liebe zu vermitteln, dann bin ich sehr glücklich. So sind inzwischen mehr als zehn Alben herausgekommen, darunter zwei mit der wunderbaren Tina Turner im Rahmen des BEYOND-Projekts.

Mein bisher schönstes Album entstand in Zusammenarbeit mit meinem Produzenten Helge van Dyk und heißt »JEWEL – Joyful Heart through precious Tibetan Mantras«; es enthält eine Sammlung der kostbarsten tibetischen Mantras, deren Texte und ihre Bedeutung in diesem Buch ausführlich erklärt werden. Dieses Album bedeutet mir sehr viel, da es mich 2012 sogar in den Olymp der Musikwelt führte – in die berühmte Carnegie Hall in New York – und zusammen mit dem JEWEL Ensemble auf eine Tour durch Asien führen wird.

Bei meinen Konzerten wollen die Leute natürlich in die Musik eintauchen und meine Musiker und mich klanglich erleben. Ich ertappe mich aber oft dabei, dass ich liebend gerne noch viel mehr zu den einzelnen Mantras erklären würde, weil sie eine Fülle von wertvollen Hilfestellungen in unserem Leben bergen.

Deshalb erreichte mich die Anfrage des Ullstein Verlags in der richtigen Stimmung, da ich mir schon lange gewünscht hatte, Wissenswertes aus meiner Welt der Mantras und meiner Lieder weiterzugeben. Dieses Buch widmet sich nun ganz dem, was ich den Menschen anhand der tibetischen Mantras und Gebete vermitteln möchte. Da es sich nicht um gewöhnliche

Texte handelt, sondern um kraftvolle Heilsilben, die eine jahr-tausendealte Weisheit verkörpern und die ich mit den schönsten tibetischen Gebeten kombiniert habe, gibt es nichts Schöneres für mich, als Ihnen einen Einblick in die Schönheit und Tiefe dieser Philosophie zu geben. Wenn es mir gelingt zu vermitteln, dass das alte Wissen der Tibeter für die moderne Welt des 21. Jahrhunderts – wenn richtig verstanden und praktiziert – ein großes Friedenspotenzial für das Zusammenleben der verschie-denen Kulturen dieser Welt in sich trägt, dann erfüllt sich mein Herzenswunsch.

In diesem Sinne ein herzliches
Tashi Deleg – Möge es Ihnen gut ergehen
Dechen Shak-Dagsay

Der Klang der Weisheit in der neuen Heimat und eine Reise durch die Geschichte Tibets

»Hast du das Weisheits-Mantra auch nicht vergessen?« Die weiche und zugleich wohlwollend mahnende Stimme meiner Großmutter Dechen Pemo la im Ohr, stapfte ich nach erfolgtem Aufsagen der sieben Silben »Om Ara Patsa Na Di« vor ihren wachsamen Ohren in die Schule und fühlte mich sicher, den kommenden Tag mit all seinen auf mich wartenden Abenteuern gut behütet bewältigen zu können.

Dieses Mantra, das ich mindestens dreimal aufsagen musste, sollte mir helfen, klar zu denken und gescheiter zu werden. Dabei muss die letzte Silbe »Di« während des Ausatmens möglichst viel und schnell rezitiert werden, was auch eine große Zungenfertigkeit erforderte.

In Tibet war und ist es üblich, den Kindern dieses Mantra früh beizubringen, um sie in ihrer Sprachentwicklung zu fördern und vor dem Stottern zu bewahren. Für die Kinder ist das eine sehr spielerische und lustige Übung, da sie nur zu gerne mit den Eltern wetteifern, wer nun das »Di Di Di Di Di …« wohl schneller aufsagen kann. Schon damals konnte ich den Manjushri von allen anderen Buddha-Figuren gut unterscheiden, da er der Einzige ist, der in der rechten Hand ein Schwert hält.

Dass dieses Schwert dazu dient, die Wurzel der Ursachen von Leid zu durchschneiden, erfuhr ich allerdings erst viel später, als ich alt genug war, die Zusammenhänge zu verstehen.

Mein Weg führte mich von unserem Zuhause am Hang des Tales der Dorfgemeinschaft mit etwa 4000 Einwohnern über einen schmalen Pfad zur Straße und dann rund drei Kilometer bis zur Kirche, wo sich die Schweizer Grundschule befand. Nach der Flucht 1959 aus Tibet waren meine Mutter und ihre Familie von den Schweizer Behörden aufgenommen worden und hatten im schweizerischen Toggenburg ein neues Zuhause gefunden.

Ich hüpfte jeden Morgen vergnügt in die Schule, denn so gut eingehüllt in die weisen Worte von Manjushri, dem Bodhisattva der großen Weisheit, wusste ich, dass mich auch an diesem Tag lauter Wunder erwarteten. Ich war das einzige Kind in der Klasse, das völlig anders aussah, und obwohl ich keine tibetischen Kleider trug, verriet mein Gesicht in der ersten Sekunde, dass ich ganz sicher kein Schweizer Mädchen vom Lande war.

Meine Mola, wie ich meine Großmutter liebevoll nannte und was zugleich das tibetische Wort für Großmutter ist, legte großen Wert darauf, dass ich immer ordentlich gekleidet zur Schule ging. Da meine beiden Eltern jeden Morgen schon zur Arbeit gegangen waren, wenn ich aufstand, war ich die meiste Zeit des Tages in der Obhut meiner Mola. Jeden Morgen kämmte sie mir meine langen schwarzen Haare und band sie zu einem straff nach hinten gezogenen Pferdeschwanz zusammen; während dieser Prozedur konnte ich im Spiegel beobachten, wie sich meine schwarzen Augen noch mehr nach oben zogen. Das war wohl der Grund, weshalb einige Kinder sich darüber wunderten, ob ich überhaupt etwas sehen konnte, weil meine ohnehin schräg gestellten Augen noch schmaler wurden. Aber Mola wollte, dass die Haare während des Unterrichts schön ordentlich zusammenhielten, damit ich genauso sauber und korrekt wie die anderen Schweizer Kinder aussah.

Damals – ich war sieben Jahre alt – war es noch Pflicht, dass die Mädchen wollene Strumpfhosen, ein Röckchen und eine Schürze trugen, und so tauchte ich jeden Morgen aus meiner tibetischen Welt in die Schweizer Welt ein und von der Schweizer Welt in meine tibetische Welt, wenn ich von der Schule zurückkam. Zwei Welten, die bezüglich der Wertevorstellungen wohl nicht gegensetzlicher sein konnten. Die tibetische Welt, in der das Entwickeln von geistiger innerer Reife im Vordergrund steht, und die westliche Welt, die sich eher durch materielle Errungenschaften definiert.

Die Geschichte meiner Familie

Meine Großeltern mütterlicherseits und mein jüngerer Onkel Lobsang la lebten, seit ich denken konnte, bei uns. In Tibet ist es völlig natürlich, dass mehrere Generationen unter einem Dach leben, und so war es keine Frage, dass wir in einer kleinen 4-Zimmer-Wohnung in Ebnat-Kappel, einem Dorf im Toggenburg, zusammenlebten. Meine Mutter war hochschwanger mit mir, als sie die Flucht antrat, und brachte mich in Katmandu zur Welt.

Von den Gefahren während dieser abenteuerlichen Reise, nachts über den Himalaja, den höchsten Gebirgszug der Welt, und ständig in Furcht, von den chinesischen Soldaten aufgespürt zu werden, erfuhren meine beiden jüngeren Schwestern Dolkar und Dega und ich erst viel später. Meine Eltern wollten nach vorne schauen und den Kummer über den Verlust der Heimat hinter sich lassen.

Wir sind unseren Eltern dankbar, dass trotz des unbeschreib-
lichen Schicksals, das sie erleiden mussten, ihre Äußerungen
über jene Zeit nie von Hass gegen die Chinesen als Menschen
getragen waren und sie uns Kindern auch nie negative Gedanken eingeimpft haben.

Sie erklärten uns, dass wir Tibeter, gerade weil wir Anhänger der Mahayana-Tradition sind, den kostbarsten Schatz von
»Bodhicitta«, auch Erleuchtungsgeist genannt, niemals aufgeben dürfen – was immer uns auch widerfahren ist oder was uns
bevorsteht. Ich fand den Ausdruck »Bodhicitta« immer bezau-
bernd, denn er klingt beinahe italienisch und erinnert an Fe-
rien, Sand und Meer. Aber natürlich hat er nichts mit »Dolce
far niente« zu tun, sondern beschreibt eine ganz besondere
noble Geisteshaltung, die das Wohl der anderen vor das eigene
stellt. »Bodhicitta«, das auf Tibetisch »Chang chup sempa« genannt wird, beinhaltet das edle Ziel, die »Vier Unermesslichen
Gedanken« von Liebe, Mitgefühl, Freude und Gleichmut für
alle fühlenden Wesen gleichermaßen zu entwickeln und nicht
eher ins Nirwana einzutreten, bevor nicht alle anderen Wesen
auch befreit sind.

Im ersten Moment konnten wir Kinder verständlicherweise
nicht nachvollziehen, dass man für seine Feinde auch beten soll,
und so fiel es uns manchmal auch nicht leicht, die Chinesen in
unser abendliches gemeinsames Gebetsritual mit einzuschlie-
ßen. Inzwischen bin ich davon überzeugt, dass sich Hass und
Wut in unseren kleinen Herzen eingenistet hätten, wenn unsere
Eltern uns diese Haltung nicht gelehrt hätten. Voller Demut
mache ich eine große Verbeugung vor all den Menschen, die
mit einer solch noblen Geisteshaltung durchs Leben gehen.

Als ich alt genug dafür war, um von unserer Herkunft und
Kultur zu erfahren, spürte ich in den Erzählungen meiner Mola

eine feine Sehnsucht nach Lhasa und das Heimweh nach ihrem Hof mit all den Feldern und Herden von Yaks, Schafen und Pferden; Heimweh ist wohl eines der stärksten Gefühle, und bei allem Glück darüber, die eigenen Kinder und Enkel in Sicherheit aufwachsen zu sehen, konnte Mola ihre Sehnsucht nach Tibet nicht gänzlich verbergen. Ich stelle mir dann jeweils vor, wie unglaublich schwierig es für meine Eltern und Großeltern gewesen sein muss, plötzlich am anderen Ende der Welt zu landen, wo weit und breit kein Yak zu sehen ist und man nirgends etwas geröstetes Gerstenmehl besorgen konnte, um daraus die geliebten Tsampha-Klöße herzustellen. Das ist so, als ob wir ohne Vorwarnung von einem Tag zum anderen in einem Land aufwachen, in dem es für unbestimmte Zeit keinen frischen Milchkaffee und noch lauwarme, duftende Brötchen mehr gibt.

Dank der Liebe und Güte, die ihnen wildfremde Menschen entgegenbrachten, aber vor allem durch die große innere Stärke, die sie aus ihrem Glauben schöpften, gelang es meiner Familie, sich trotz der traumatischen Erinnerungen an die Flucht aus Tibet der neuen Lebenssituation zu fügen. Sie hatten sich auf ein Leben im Exil eingestellt und die Schweiz als ihre neue Heimat ins Herz geschlossen.

Zugleich äußerst praktisch veranlagt und wissend, dass ihre Zukunft und die ihrer Familie nicht mehr mit einer Rückkehr in die Heimat verbunden werden konnte, war es meiner Mutter ausgesprochen wichtig, mich und meine beiden jüngeren in der Schweiz geborenen Schwestern in tibetischen Gebeten, Sitten und Gebräuche zu unterrichten. Unsere Mutter vermittelte uns auch die tibetischen Volkslieder und Tänze und erinnerte uns ständig an die Verpflichtung, das Andenken und Gedankengut der tibetischen Kultur hochzuhalten.

Meine Mutter stammte aus Zentraltibet und gehörte einer angesehenen Familie an, was im westlichen Verständnis mit der Herkunft aus der gebildeten Mittelschicht gleichgesetzt werden kann. Meine Vorfahren waren wohlhabende Kaufleute und besaßen eigene Handelskarawanen, mit denen sie Wolle, Heilkräuter und Salz nach Indien oder China exportierten und ihre Yaks und Pferde vollgepackt mit Waren aus diesen Ländern wieder nach Lhasa zurückbrachten.

Meine Großmutter erzählte mir davon, dass sie ihren Vater manchmal auf diesen langen Handelsreisen begleiten durfte. Sie liebte es, in der Karawane als die Tochter des großen Patrons mitreiten zu dürfen, und lernte sehr früh von ihrem Vater, mit dem Holz-Abakus die schwierigsten Kalkulationen vorzunehmen, um die Erträge der Waren auszurechnen. Es war ungewöhnlich, dass einer Tochter diese Aufgabe zuteilwurde, da sie aber das einzige Kind des ehemaligen Verwalters des Gyudme-Tantric-Klosters in der Nähe von Lhasa war, lag es auf der Hand, dass er ihr all sein Wissen und Können vermitteln wollte.

Diese Reisen waren jedoch mit großen Gefahren verbunden: Unwetter, Schneestürme und Lawinen machten es manchmal unmöglich, die eiskalten reißenden Bäche mit den vollbepackten Lasttieren zu überqueren, und zwangen die Reisenden zu kräftezehrenden Umwegen. In den steilen Berghängen bedeutete ein falscher Tritt den Tod für Tier und Mensch, zugleich mussten die Kaufleute ständig damit rechnen, von Wegelagerern gewaltsam ausgeraubt zu werden.

Im März 1959 mussten meine Großeltern mütterlicherseits, meine beiden Onkel und meine Tante alles stehen und liegen lassen und flohen über Nacht von ihrem Heimatdorf Chözong am Fuße des Mount Everest nach Nepal. Die Säuberungen der chinesischen Besatzer nach dem blutig niedergeschlagenen Aufstand der Tibeter hätten sie niemals unbeschadet überstanden. Meine damals junge und frisch vermählte Mutter lebte mit meinem leiblichen Vater Lhawang Tobden in Shekar, einem Dorf, circa einen Tagesritt mit dem Pferd von ihren Eltern entfernt, als auch sie knapp vier Wochen später flüchten mussten. Mein Vater, der als Gemeindeschreiber der Zentralregierung von Lhasa für diese Gegend zuständig war, wollte mit den Aufständischen gegen die Besatzer kämpfen und versprach meiner Mutter, nachzukommen; gleichzeitig bestand er darauf, dass sie sofort das Land verließ. Monate später, nachdem sie die Grenzen Nepals erreicht hatte und in Sicherheit war, erfuhr sie von einem Boten, dass ihr Mann umgekommen war. Für meine Mutter ein unendlich trauriges Schicksal. Wie die anderen rund 100.000 Tibeter, die damals vor den Chinesen flohen, stand sie mit ihrer Familie vor einer ungewissen Zukunft. Ihr älterer Bruder, Zatul Rinpoche, wurde 1961 von Seiner Heiligkeit dem Dalai Lama beauftragt, als spiritueller Lehrer und Leiter die erste Gruppe der tibetischen Flüchtlinge in die Schweiz zu begleiten. Ihm ist es zu verdanken, dass durch diese Maßnahme die ganze Familie in der Schweiz wieder zusammengeführt werden konnte. Im Rahmen eines Hilfsprojekts der Schweizer Regierung sicherte man 1963 rund 1000 Tibetern schließlich in einem beschaulichen, eher bäuerlich orientierten Schweizer Kanton einen neuen Lebensmittelpunkt zu.

Der zweite Mann meiner Mutter, Dagsay Tulku Rinpoche, ein Lama und damit ein »geistiger Lehrer«, war es, der in unserer Familie für die umfassende spirituelle Bildung sorgte. Rinpoche ist in unserer Tradition ein wichtiger Titel und bedeutet auf Deutsch »Kostbarer«, und er sagt zugleich, dass sein Träger ein erfahrener Lehrer ist; ein Rinpoche gilt bei uns als ein verehrungswürdiger Mann, da er eine spirituell hochstehende

Person ist. Wenn ein Rinpoche noch dazu ein Tulku ist, bedeutet dies, dass er schon mehrere Male in dieser Linie reinkarniert ist.

Im Alter von zweieinhalb Jahren wurde Chang Chav Gang – so der weltliche Name meines Vaters – als die Reinkarnation des 5. Dagsay Lama erkannt, des Hauptlamas des Chokri-Klosters in Tehor in Osttibet. Kurz vor seinem Tod, so erzählte es mir seine liebe Mutter, die halb Tibeterin, halb Chinesin war, als sie uns 1982 in der Schweiz besuchte, hinterließ der 4. Dagsay Lama genaue Anweisungen, wo er nach seiner Wiedergeburt zu suchen sei. Der Lama entschloss sich, in einer chinesisch-stämmigen Familie in der Grenzstadt von Kangding wiederzukehren. Das ist auch der Grund, weshalb der weltliche Name meines Vaters ein chinesischer ist. So kam mein Vater 1936 in Kangding zur Welt.

Als er etwa zweieinhalb Jahre alt war und noch kaum sprechen konnte, sprach er davon, dass er endlich heimkehren wolle, und wandte sich auch immer mehr von seiner Mutter ab. Diese war sehr besorgt um ihn, da er ein schwaches Kind war und die Muttermilch ablehnte. Er zeigte oft mit dem Finger zu den elektrischen Leitungen, die es damals schon in Kangding gab, und er wollte sie auch zu Hause haben. Die Mutter verstand überhaupt nicht, was das Kind, das oft in Rätseln sprach, damit meinte.

Eines Tages kamen tibetische Mönche nach Kangding, um den kleinen Wiedergeborenen zu suchen. Es waren die Mönche des Klosters von Chokri; der kleine Junge erkannte sie sofort und schloss sie umgehend in seine Arme wie alte Freunde, obwohl er sie nie zuvor gesehen hatte. Er weinte, als diese wieder weggehen wollten, und bestand darauf, sie zu begleiten. Da wussten die Gesandten des Klosters, dass sie ihren Lama wiedergefunden hatten. Obwohl der Vater des kleinen Jungen sich zunächst dagegen aussprach, musste er einsehen, dass es wohl das Beste war, das Kind dem Kloster zu übergeben. Es wäre vermutlich für das Kind schlimmer gewesen, seine Berufung als Lama nicht erfüllen zu können und ein gewöhnliches Leben zu führen.

Sobald das Kind sich den Mönchen anschließen durfte, ging es ihm auch gesundheitlich besser. Seine Eltern begleiteten ihn in das weit abgelegene Chokri-Kloster, das mehr als 500 Mönche beherbergte. Die Distanz von etwa 600 km wurde damals zu Pferd zurückgelegt, was mindestens 17 Reisetage bedeutete. Die Eltern blieben ein Jahr lang bei ihrem kleinen Sohn in Tibet. Danach überließen sie ihn seinen Lehrern und kehrten zurück nach Kangding. Sie sahen ihn erst wieder, als er als Fünfzehnjähriger seine Familie in Kangding besuchen durfte. Der kleine Lama erfuhr vom fünften bis zum achtzehnten Lebensjahr eine intensive Ausbildung in buddhistischer Philosophie. Danach reiste er nach Lhasa, um dort an der Klosteruniversität Sera bis 1959 sein intensives Studium der buddhistischen Philosophie fortzusetzen.

Viele Menschen im Westen stellen sich natürlich die Frage, ob tibetische Mönche und Lamas eine Familie gründen dürfen. Mönche und Lamas dürfen jederzeit ihr Mönchsgelübde ablegen und sich für ein weltliches Leben entscheiden. Außer dass sie danach die traditionelle vorschriftsgemäße Mönchsrobe nicht mehr tragen sollten – denn das wird als Übertretung der Regeln betrachtet –, entstehen keine negativen Konsequenzen für sie. Im Gegensatz zu den Mönchen bleibt aber ein Lama immer der Linienhalter seiner Reinkarnationslinie und wird frei entscheiden, ob er auch im nächsten Leben in den Bereich der Menschen zurückkehren wird, um ihnen zu helfen. Mein

Vater gehört zur Gelugpa-Schule, in der das Mönchsgelübde eine zölibatäre Lebensführung vorschreibt. Jeder Mönch hat die Möglichkeit, sein Gelübde vorübergehend aufheben zu lassen, um ein weltliches Leben zu führen, verzichtet damit jedoch auf die spirituelle Gemeinschaft seines Klosters. Tulkus hingegen behalten bei der Gründung einer Familie ihren Status auch ohne ein aktives Gelübde.

Mein Vater hatte jedoch das Glück, dass ihm ein Stipendium an der Universität Benares für das Studium der buddhistischen Philosophie sowie des Sanskrits zugesprochen wurde. Just als er seine erste Stelle als Dozent antreten wollte, erreichte ihn eine Anfrage, eine Gruppe tibetischer Flüchtlinge als spiritueller Lehrer in die Schweiz zu begleiten. Keine Frage, dass mein Vater diesem Ruf folgte und 1964 nach Ebnat-Kappel kam, um sich dieser wichtigen Aufgabe anzunehmen. Es musste wohl eine wunderbare Fügung sein, denn da lernte er meine junge verwitwete Mutter Yishi la kennen und verliebte sich in sie.

Untrennbar mit der Natur und den fünf Elementen verbunden

Lange bevor der Buddhismus aus Indien nach Tibet kam, besaßen die Tibeter ihre eigene schamanistisch geprägte Bön-Tradition, die durchdrungen ist vom Wissen der Verbundenheit von Körper und Geist mit der universellen Kraft der Natur und den fünf Elementen von Erde, Wasser, Feuer Wind und Raum.

Der in der Schweiz lebende tibetische Meditationsmeister Loten Dahortsang, eines meiner verehrten Vorbilder und mein Lehrer, erzählte in einem seiner Vorträge, dass, bevor es Menschen in Tibet gab, dieses sagenumwobene Land der Ort der

Geister und Dämonen war. So ist es in den Texten der Bön-Tradition, der urtümlichen Kultur, aus der die tibetische Kultur entstanden ist, festgehalten. Die Geschichte erzählt, dass die Tibeter ihren Ursprung in einer Felsdämonin und einem Affen haben sollen. Aus der Begegnung dieser beiden Wesen gingen die ersten Menschen in diesem Hochland hervor, das für die Außenwelt durch die riesigen Schneeberge lange völlig unzugänglich blieb. Als die Griechen zur Zeit von Alexander dem Großen bis zum Indus vordrangen, war für sie klar, dass auf der anderen Seite des Himalajas, in dieser mystischen und geheimnisvollen Region, keine echten Menschen, sondern lediglich gefährliche Wesen mit einem Auge und einem Bein leben müssten.

Gemäß den uralten Texten des Bön wurde eines Tages ein dreizehnjähriger Junge von den Geistern und Dämonen entführt; sie behielten ihn neun Jahre lang unter ihrer Aufsicht, bis ihm eines Tages die Flucht gelang und er wieder unter den Menschen leben konnte. In allen Kulturen kursieren solche Legenden, man denke nur an Kaspar Hauser oder die berühmten Wolfskinder oder Bärenjungen.

Dieser Junge aus dem Himalaja erzählte den Menschen, dass er bei den Geistern und Dämonen gelebt und dadurch gesehen habe, wo die wirklichen Ursachen der Probleme der Welt liegen. Viele Krankheiten und das große Unglück vieler Menschen seien darauf zurückzuführen, dass sie die Wassergeister erzürnen, wenn sie den reinen Flüssen ihren natürlichen Lauf nehmen oder die Bäche, Flüsse und Seen verschmutzen. Die Menschen erzürnen die Berggeister, indem sie unachtsam und gierig Steine aus ihnen herausbrechen, um Häuser zu bauen. Dieser Junge, der zum ersten Lama oder Schamanen der Bön-Tradition wurde, sagte weiter: »Ich war in der Welt der Geister und Dämonen und habe gesehen, wie wichtig es ist, dass wir, wann immer wir etwas von der Natur für unseren eigenen Bedarf nehmen, ihr auch wieder etwas zurückgeben.«

Aus diesem Grund streuen zum Beispiel die auch im Westen bekannten Salzmänner von Tibet, nachdem sie das Salz aus dem See gewonnen haben, aus Dankbarkeit und Respekt gegenüber der Seegöttin immer eine Handvoll des Salzes zurück in den See. Die ersten überlieferten Rituale der Bön-Tradition dienen deshalb der wichtigen Aufgabe, die Harmonie zwischen der Natur und den Menschen herzustellen und zu bewahren.

Mich berühren solche Rituale zutiefst, denn ich glaube fest, dass wir Menschen aufs Engste mit der Natur und somit auch mit der übersinnlichen geheimnisvollen Welt der Wasser-, Erd- und Berggeister verbunden sind. Ja mehr noch, wir sind ein Teil der Natur, denn jede Zelle unseres Körpers könnte nicht überleben, wenn sie nicht von den Elementen genährt würden.

Den Glauben an die Naturgeister haben die Zivilisationen der modernen Welt bedauerlicherweise schon lange völlig verworfen und sich selbst über die Geister gestellt; damit will ich keineswegs die Verdienste der Wissenschaft schmälern, doch kaum jemand ist sich bewusst, dass die Ausbeutung der Ressourcen unseres Planeten wohl die größte Disharmonie in der Natur herstellt. Glücklicherweise findet vor allem in den modernen westlichen Ländern inzwischen ein weitgreifendes Umdenken statt, und die Menschen begreifen die Notwendigkeit, unseren gemeinsamen Planeten vor sinnloser und rein aus Profitdenken getriebener Ausbeutung zu schützen. Immer mehr Menschen streben ein Leben in Einklang mit den Elementen und der Natur an und wollen dies fördern, damit wir als Menschheit überleben und den nach uns kommenden Generationen eine lebenswerte Welt hinterlassen können.

Wie der Buddhismus nach Tibet kam

Entgegen der im Westen weitverbreiteten Vorstellung war Tibet für den einfachen Menschen alles andere als das viel besungene paradiesische »Shangrila«. Die meisten Tibeter waren einfache Bauern oder gar Leibeigene, die ein ausgesprochen karges Leben führten. Nur eine schmale adlige Schicht, die lediglich aus einigen Hundert Familien bestand, nahm sich seit Jahrtausenden das Recht, Leibeigene zu halten. Das Land meiner Vorfahren hat eine bewegte Vergangenheit hinter sich; bis ins 9. Jahrhundert hinein waren die Tibeter ein gefürchtetes kriegerisches Volk. Jahrhundertelang zogen sie in alle Richtungen, um die benachbarten Länder herauszufordern und einzunehmen, zeitweise waren sie gar die über alle herrschende Macht in Asien.

In der Mitte des 7. Jahrhunderts, während der Regierungszeit des ersten Religionskönigs Songtsen Gampo, kam das tibetische Volk intensiver mit den buddhistischen Lehren in Berührung. Es war üblich, dass Könige Heiratsallianzen mit ihren Nachbarländern schlossen, so auch König Songtsen Gampo: Durch seine nepalesische Gemahlin gelangten die Auslegungen des indischen Buddhismus und durch seine chinesische Gemahlin die des chinesischen Buddhismus nach Tibet.

Im 8. Jahrhundert drang der Ruhm der tantrischen Fähigkeiten des großen indischen Meisters Guru Padmasambhava bis nach Tibet und veranlasste den damaligen König Trisong Detsen, den zweiten Religionskönig, diesen Meister einzuladen. Mit seinen magischen Kräften sollte Guru Padmasambhava helfen, die Anhänger der damals noch weit verbreiteten Urreligion des Bön vom Buddhismus, der sämtliche animistische Praktiken ablehnt, zu überzeugen. Vor allem waren Padmasambhavas magische Kräfte gefragt, um die Dämonen zu bezwingen, die eine Verbreitung des Buddhismus in Tibet verhindern wollten. So wurde Guru Padmasambhava, Guru Rinpoche oder auch Lopön Rinponche genannt, zum Begründer des tibetischen Buddhismus und zugleich dessen ältester Schule, der Ngyngma-Tradition, deren Anhänger im Westen auch gerne als Rotmützen bezeichnet werden.

Der Buddhismus benötigte eine erste und eine zweite Verbreitungsphase, um sich wirklich zu etablieren. Mit der Initiative von Songtsen Gampo im 7. Jahrhundert begann die sogenannte »erste Verbreitung« des Buddhismus in Tibet, die jedoch im Jahre 836 infolge der Ermordung des dritten Religionskönigs Ralpachän durch die Bön-Anhänger ein dramatisches Ende nahm. Es folgte eine dunkle Zeit der Verwüstung und der schrecklichen Verfolgung der Buddhisten in Tibet, die entweder nach West- oder Osttibet flüchteten und dort über ein Jahrhundert ausharrten. Es ist für mich immer noch unvorstellbar, dass man Menschen aufgrund ihres Glaubens verfolgen kann.

Erst im Jahre 978 kehrten die Buddhisten aus dem Exil zurück nach Zentraltibet und bauten aus den Ruinen des zerstörten Samye-Klosters, des ersten buddhistischen Klosters in Tibet, ein neues auf. Der Buddhismus konnte wieder Fuß fassen, und es wurden viele Sanskrittexte ins Tibetische übersetzt. Die Buddhisten aus West- und Osttibet gaben die Impulse für eine Wiederbelebung der Lehre Buddhas und legten damit – neben der bereits bestehenden Ngyngma-Linie – die Basis zur Entstehung der drei neuen Schulen: Kagyü, Sakya und Gelugpa.

Der Begründer der Kagyü-Linie, deren Ursprung bis zum Urbuddha Vajradhara zurückgeht, ist der berühmte tibetische Übersetzer Marpa, der von 1012 bis 1097 im südtibetischen Dorf Lhodrag lebte. Marpa beschloss eines Tages, all sein Hab und Gut zu verkaufen, um mit dem Gold, das er dafür erhielt, den indischen Meister Naropa aufzusuchen, der in der Nähe der Universität Nalanda in Nordindien lebte. Von Naropa empfing Marpa die kostbaren Belehrungen des Vajrayana und gründete, zurück in Tibet, die sogenannte Kagyü-Linie. Diese Schule wird oftmals auch die »mündlich überlieferte« Tradition genannt. Einer ihrer berühmtesten Schüler ist der Mystiker Milarepa, der wohl größte Yogi und Asket Tibets, der wie Buddha die erleuchtete Verwirklichung in einem menschlichen Leben erlangt hat. In einem Zustand der vollständigen Verwirklichung hinterließ Milarepa der Nachwelt über 100.000 Gesänge, die in Versform seine Lebensgeschichte und die tantrische Lehre überlieferten.

Wenn man die Geschichte Milarepas hört, wird einem bewusst, wie jeder noch so wilde und dunkle Mensch sich zu einem wunderbaren Wesen transformieren kann. Als Milarepas Vater starb, wollte sein Onkel seine junge Mutter dazu zwingen, ihn zu heiraten. Da sie sich weigerte, nahm der Onkel ihr ihren ganzen Besitz weg. Seine Mutter bestand darauf, dass Milarepa sich das Wissen der schwarzen Magie aneignete, um dem Onkel und seiner Familie Schaden zuzufügen. Milarepa lernte alles und brachte es fertig, mittels schwarzer Magie alle zu töten, die ihm und seiner Familie Leid zugefügt hatten. Doch irgendwann wurde ihm voller Schrecken bewusst, was er angerichtet hatte, und er suchte Marpa auf und bat ihn um Hilfe. Marpa ließ Milarepa durch eine entbehrungsreiche Zeit gehen und sein schlechtes Karma abtragen. Erst danach übertrug Marpa ihm die besonderen tantrischen Lehren, die er selbst von Naropa erhalten hatte.

Das heutige Oberhaupt dieser Linie ist der 17. Karmapa Ogyen Trinley, der eine wunderbare Persönlichkeit besitzt und auf dem besten Wege ist, genau wie Seine Heiligkeit der Dalai Lama weltweit zu einer wichtigen Symbolfigur des Friedens zu werden.

Die Schule der Sakyapas ist ebenfalls eine der vier Hauptschulen und entstand im 11. Jahrhundert; sie wurde von Khön Konchog Gyalpo gegründet, der auch das Sakya-Kloster in der Provinz Tsang in Zentraltibet erbaute. Sakya bedeutet auf Tibetisch »graue Erde«, und das Besondere der Sakya-Tradition ist, dass jeweils der erstgeborene Sohn dieser Dynastie, unabhängig davon, ob es sich um eine reinkarnierte Person handelt oder nicht, als Thronhalter die Linie führt.

Ein bedeutender Gelehrter aus der Sakya-Tradition war Meister Drogmi Lotsawa, ein berühmter Übersetzer und Lehrer, der in Indien studiert hatte. Er war Schüler der indischen Meister Naropa und Gayadhara, von denen er unter anderem die Übertragungen des Lamdre, was so viel bedeutet wie »Pfad und Vollendung«, aus dem Hevajra-Tantra erhielt. Dieses Prinzip besagt, dass es keinen Unterschied zwischen Samsara und Nirwana gibt. Wenn der Geist befleckt ist, wird er zur Form von Samsara, wenn der Geist frei von Hindernissen ist, wird er zur Form von Nirwana. Ihr gegenwärtiges Oberhaupt ist der ehrwürdige Sakya Trigzin in Indien.

Der geschickten Diplomatie und den Verhandlungskünsten des damaligen Sakya-Oberhaupts Kunga Gyaltsen ist es zu verdanken, dass Tibet vor einer Invasion der benachbarten Mongolen im 13. Jahrhundert verschont blieb. Der mongolische Herrscher Prinz Godan, ein Enkel des gefürchteten Dschingis Khan, wollte mit seinen Truppen in Tibet einmarschieren. Seine Feldherren meldeten jedoch, dass es dort einige äußerst wertvolle Lehrer der Lehre Buddhas gab, die ihn interessieren könnten. Der König ließ das Sakya-Oberhaupt Kunga Gyaltsen an den mongolischen Hof kommen und bat ihn um Belehrungen, woraus eine intensive Patron-Lama-Beziehung entstand. 1251 starb Kunga Gyaltsen, 1253 folgte Chogyal Phagpa an den mongolischen Hof des Kublai Khan, um dem König und seiner Gefolgschaft den Buddhismus zu vermitteln. Diese einzigartige Beziehung führte dazu, dass der Mongolenherrscher seinem Lama die weltliche sowie spirituelle Lehnherrschaft über drei tibetische Gebiete übertrug. Somit waren die Sakyas die erste aller Linien, die weltliche und spirituelle Macht auf sich vereinten und 90 Jahre lang die politische Vorherrschaft über Tibet ausübten. Äußerlich erkennbar sind sie an einem weißen um den Oberkörper geschlungenen Tuch.

Die Gelugpa-Schule wurde erst 1409 vom großen Reformator Je Tsongkhapa gegründet und ist deshalb die jüngste der vier Schulen. Tsongkhapa, der, bevor er mit 40 Jahren in ein Kadampa-Kloster eintrat, andere Schulen studiert hatte, war es ein großes Anliegen, den Buddhismus zu reformieren und die alten Ideale der Disziplin und des zölibatären Lebens wiederherzustellen.

Die Kadampa-Tradition basiert auf den Lehren des indischen Meisters Atisha, der im 11. Jahrhundert vom tibetischen König Changchup öd des Guge-Reiches nach Tholing in Westtibet eingeladen worden war, um einer Degeneration der buddhistischen Lehre zu jener Zeit entgegenzuwirken. Die Ritualanweisungen der Lehren des Tantra wurden mangels Erkenntnis falsch interpretiert. Atisha vermochte die Fehlinterpretationen, die sich in die Praxis der tantrischen Lehren eingeschlichen hatten, klarzustellen und auf deren symbolische Interpretation hinzuweisen.

Die Gelugpa-Schule zeichnet sich deshalb unter anderem dadurch aus, dass die geheimen Tantra-Texte symbolisch verstanden werden und sich der Mönch zunächst dem intensiven und langjährigen Studium der Lehre widmen muss. Als Fundament für diese Schule dienen die Lam-Rim-Anleitungen von Atisha, »Stufen des Pfades zur Erleuchtung«. Das sind Buddhas Unterweisungen, die man als persönlichen Rat betrachtet und in die Praxis umsetzt. Um sich von den anderen Schulen abzuheben, führte Atisha das Tragen eines gelben Huts als Kopfbedeckung ein. Aus diesem Grund nennt man die Anhänger der Gelugpa-Schule, deren Oberhaupt Seine Heiligkeit der 14. Dalai Lama ist, die »Gelbmützen«.

Tsongkhapa oder Je Rinpoche, wie ihn die Tibeter auch nennen, ist Gründer des Klosters Ganden, das 1409 errichtet wurde; später folgten die beiden Universitätsklöster Drepung und Sera bei Lhasa. Er verstarb 1419 im Kloster Ganden. Gedün Drub, einer seiner Hauptschüler, wurde als erster Dalai Lama rückwirkend von den Mongolen anerkannt, nachdem die Wiedergeburt des dritten Dalai Lama in einem Urenkel des Mongolen Altan Khan erfolgte. Das war auch der Grund, dass die Gelugpas ab Mitte des 17. Jahrhunderts ihren weltlichen und spirituellen Einfluss in Tibet festigen konnten.

Die alten Traditionen hochhalten

Das Bewusstsein für die Geschichte meines Volkes ist in meiner Familie sehr hoch und wird gepflegt, denn wir bekennen uns zu unseren Wurzeln. Dazu gehört es insbesondere auch, das nur leicht unterschiedliche Gedankengut der vier Schulen des Buddhismus zu kennen. Allen vier ist beispielsweise das Mantra »Om Mani Peme Hum« heilig, das zu meinem Leben wie die Luft zum Atmen gehört. Meine Mutter sagte stets, dass ein Mantra wie ein gesegneter Schutzschild sei, der alle negativen Kräfte, die uns Schaden zufügen könnten, von uns fernhält.

Auch heute ist das Erste, was über meine Lippen kommt, wenn ich morgens aufwache, ein »Om Mani Peme Hum«; dieses Mantra begleitet mich mit dem Gedanken der großen Dankbarkeit, dass man erwachen darf, dass man atmet und wieder einen Tag geschenkt bekommt, um achtsam durch den Alltag zu gehen, den Mitmenschen und allen anderen Wesen keinen Schaden zuzufügen und möglichst viele Möglichkeiten zu nutzen, um gute karmische Verdienste zu sammeln. Das Letzte, was ich im Bett kurz vor dem Einschlafen sage, ist ebenfalls »Om Mani Peme Hum«, diesmal begleitet mit dem intensiven Wunsch, dass alle Wesen glücklich sein mögen.

Wieder ist dann ein Tag unseres so kurzen Lebens vorbei, und wie schade wäre es, wenn wir ihn mit unwesentlichen Dingen vergeudet hätten. Wie schade, wenn wir andere durch unsere Handlungen, Gedanken oder Worte unglücklich gemacht haben. Was für ein herrliches Gefühl hingegen, wenn wir mit dem Gedanken einschlafen, dass wir an diesem Tag wenigstens eine Handvoll Menschen glücklich gemacht haben. Wie schön, wenn wir an diesem Tag einige Hundert Male das »Om Mani Peme Hum«-Mantra sprechen und es dem Wohl aller Wesen widmen konnten. Meinen beiden Töchtern habe ich dieses Mantra jeweils vor dem Einschlafen leise ins Ohr geflüstert und konnte dabei zusehen, wie entspannt und zufrieden sie einschlummerten. Dabei musste ich immer an die Worte meiner Mola denken, die sagte, dass es nichts Kraftvolleres gibt als das Gebet einer Mutter für ihre Kinder.

Mantras helfen uns, unsere Herzen zu öffnen, weil sie – gesprochen und uns überliefert von Buddha – gesegnet sind; sie können und sollen die Menschen vom Dunkeln ins Licht führen.

Ich persönlich schöpfe sehr viel heilvolle Kraft aus den Mantras, um eine große innere Stärke zu entwickeln, die mir hilft, meine Gedanken in den Griff zu bekommen. So lasse ich mich von meinem Geist viel weniger dazu verleiten, negativen Gedanken zu viel Raum zu geben, sondern wende mich, wann immer möglich, den guten Gedanken zu. Wenn wir mit einem guten Gedanken den Tag beginnen, dann verläuft er meist viel besser, als wenn wir den Tag bereits mit trüben Gedanken beginnen. Ein guter Gedanke entspannt unsere ganze Befindlichkeit, und wir tragen ganz oft ein Lächeln auf den Lippen. Nur schon ein entspanntes Gesicht und die Lockerheit unserer Erscheinung übertragen sich direkt auf unser Umfeld. Wenn wir lächeln, lächeln die Menschen zurück. Für mich ist das Lächeln eines Menschen etwas vom Schönsten – es hat die gleiche Kraft wie ein Sonnenstrahl, der die Dunkelheit erhellt.

Die Verinnerlichung der Kraftsilben hilft mir aber auch, unangenehme Situationen im Leben mit einer gesunden inneren Stärke durchzustehen und niemals den Glauben an das Gute im Menschen zu verlieren. Grundsätzlich halte ich mich an eine alte Lebensweisheit der Buddhisten: »Versuche, bei deinen Mitmenschen ihre Qualitäten und nicht ihre Fehler hervorzuheben. Denn wir können andere nicht verändern, aber wir können jederzeit unsere eigenen Fehler erkennen und uns selbst ändern.«

Mantras und Christentum

Zu einem wunderbaren Wegbegleiter und Freund ist Pater Jean Sébastien vom Benediktinerkloster in Einsiedeln geworden, seit er mich zusammen mit seinem Mitbruder Benedikt in das Kloster, das die von Menschen aus aller Welt verehrte Schwarze

Madonna beherbergt, einlud, um die Wirkung der tibetischen Mantras zu erklären. Es war für mich einer der schönsten Momente in meinem Leben, zu erfahren, dass diese jungen angehenden Pater des Benediktinerordens einen besonderen Zugang zu meinem Album »Dewa Che, Universal Healing Power of Tibetan Mantras« hatten. Es zeigte mir auf wunderbare Weise die Offenheit der Benediktinermönche und ermöglichte mir als praktizierende Buddhistin, die Reichhaltigkeit des Christentums besser wahrzunehmen und zu verstehen. Das war im Frühling 2004, und seither gehen mein Mann und ich gern ins Kloster Einsiedeln, um Kerzenopfer darzubringen und in der kleinen Kapelle mit der »Schwarzen Maria« unsere Gebete zum Wohle aller Wesen zu sprechen.

Pater Jean Sébastien ist ein wichtiger Lehrer für viele Menschen auf der Suche nach dem wahren Sinn des Lebens. Er hat mir einmal erklärt, dass es auch im Christentum ähnlich kraftvolle, tröstende wie aufrüttelnde Worte oder Sätze gibt, die den Menschen beistehen, sie trösten und ihnen Mut für ihre Lebensaufgabe vermitteln. So lädt uns Jesus in der Bergpredigt ein, »Salz der Erde« und »vom Licht der Welt« zu sein, Worte, die in ihrer Einfachheit eine ungeheuer stärkende Kraft in sich tragen und eine segensreiche Wirkung entfalten.

Wann immer mich eine Frage intensiv beschäftigt – sei es damals als Kind in der Schule, als Jugendliche während der beruflichen Ausbildung oder heute als Erwachsene und Mutter von zwei Töchtern im Alltagsleben –, hilft mir die Kraft der Mantras, die Antworten zu finden, die mich auf den nächsten Schritten begleiten und wieder ein Stück weiterbringen. Dahinter verbergen sich weder geheimnisvolle Zaubertricks noch unergründliche Geheimnisse. Jeder von uns, der sich mit dem Sinn und der Aufgabe seines Lebens ernsthaft auseinandersetzen will, der danach fragt, welchen Beitrag er für das Wohlergehen aller Lebewesen und des ganzen Planeten leisten will, wird in der über Jahrtausende gewachsenen Weisheit der Mantras eine willkommene Unterstützung finden.

Die heilende Kraft der Mantras

Den Samen unserer Kultur habe ich meinen beiden Töchtern – so hoffe ich – tief genug eingepflanzt, damit er, wenn die Zeit gekommen ist, so richtig zum Erblühen kommt. Dank der mir geschenkten Gabe, mit meiner Stimme die Herzen der Menschen zu erreichen, kann ich zudem die Kraft und Weisheit, die den traditionellen Heilsilben innewohnen, all jenen weitergeben, die sich dafür öffnen. Denn ist es nicht so, dass die Musik eine ganz eigene Sprache spricht, die dank ihrer Schwingung, dank ihrer Energie uns auf einer Ebene erreicht, die manchmal jedes Wort unnötig macht?

Dies erlebe ich ganz intensiv auf meinen Konzerten, wo mich immer wieder Menschen ansprechen und von den Erfahrungen berichten, die sie mit dieser Musik gemacht haben. Es sind zutiefst berührende Geschichten – vom beginnenden Leben eines neuen Erdenbürgers bis hin zu einem friedvollen Sterben lieber Angehöriger –, die mir anvertraut werden und die mich motivieren, meine mir gestellte Aufgabe mit Achtsamkeit weiterzuführen: Es ist mein großes Anliegen, die heilende Kraft der Mantras möglichst vielen Menschen nahezubringen, damit sie jederzeit darauf zurückgreifen können, wenn sie sich unverstanden oder hilflos fühlen, wenn sie an sich zweifeln, sich allein oder krank fühlen.

Wer mit diesen Mantras in Kontakt kommt, so meine Hoffnung, wird sie dank der eigenen Erfahrung ihrer kraftvollen Wirkung mit voller Hingabe in den Alltag integrieren, um:

- die eigene Stimme mit einer ganz speziellen Herzensenergie zu verbinden

- jeden Tag bewusst zu erleben

- sich selbst besser zu verstehen

- seine Mitmenschen besser zu verstehen

- die Ursachen von Problemen besser erforschen zu können

- zu erkennen, dass eine ethisch korrekte Lebensführung der größte Schutz vor unnötigen leidvollen Zuständen ist

- mitfühlender zu werden und Liebe zu schenken

- konzentrierter zu werden

- unnachgiebig und voller Fleiß seinen Geist vor negativen Emotionen zu schützen

- das Wesentliche vom Unwesentlichen im Leben zu unterscheiden

- sanfter mit sich zu werden

- achtsamer mit seinen Mitmenschen umzugehen

- Lebensfreude zu empfinden und zu verbreiten

- jede Handlung, jeden Gedanken und jede Rede sinnvoll und positiv zu gestalten

35

🪷 besser Geduld und Toleranz üben zu können

🪷 bescheiden zu werden und zu bleiben

🪷 die negativen Seiten von Arroganz und Hochmut
zu erkennen und zu überwinden

🪷 die Wichtigkeit und Kostbarkeit des menschlichen
Lebens zu erkennen

🪷 die Angst vor der eigenen Vergänglichkeit
und dem eigenen Tod zu überwinden

🪷 den Sterbeprozess näher anzuschauen und die
Wichtigkeit zu erkennen, sich gut auf diese
allerwichtigste Phase im menschlichen Leben
vorzubereiten

🪷 ein vollkommen zufriedener und glücklicher Mensch
zu werden

🪷 uns selbst als das zu erkennen, was wir sind –
lichterfüllte potenzielle Buddhas

In diesem Sinne habe ich mit meiner ganzen Hingabe aufge-
schrieben, was mich meine Großeltern, mein Vater und meine
Mutter sowie spirituelle Meister über die Mantras lehrten, welche Wirkung den Mantras innewohnt und wie sie in unseren
Alltag integriert werden können.

Mögen diese Worte auf offene Herzen stoßen.

Die universelle Kraft
der tibetischen Mantras

Die Mantra-Silbe »OM« wird als transzendenter Urklang des Universums beschrieben und ist eine Kraftsilbe, die den Hindus, den Jainas (Anhängern der in Indien beheimateten Religion Jainismus, entstanden um 6./5. Jhr. v. Chr.) und den Buddhisten gleichermaßen heilig ist. OM besteht aus den drei Silben A O M und wird als OM gesprochen. Es steht bei den meisten Mantras als Kopfsilbe am Anfang. Selbst wenn die Mantra-Silben nicht immer wörtlich übersetzt werden können, mindert das nicht im Geringsten ihre große heilende universelle Urenergie, die bewirkt, dass auf eine direkte Art und Weise all unsere Qualitäten des Geistes zur Reifung kommen. Unser Bewusstsein wird auf eine höhere Dimension geführt, wo wir uns im Einklang mit uns selbst fühlen und dadurch die Urenergie des Universums wahrnehmen können.

MANTRA bedeutet wörtlich »Schutz des Geistes« oder »Das, was den Geist beschützt«. Es handelt sich bei Mantras um kraftgeladene Heilsilben, deren Ursprünge bis zu Buddha von vor 2500 Jahren oder teilweise gar bis weit in die vedische Kultur von vor 4000 Jahren zurückreichen. Das Hören, Sehen oder wiederholte Rezitieren eines Mantras setzt eine besondere Kraft frei, die den Geist und unseren Körper vor negativen Einflüssen schützt. Jedes gesprochene Mantra hinterlässt einen positiven Abdruck in unserem Geist. Ein schönes Bild dafür ist der Gedanke, dass man durch ein Mantra etwas Positives in die Welt bringt, als ob man auf einem riesigen Ackerfeld unendlich viele Samen des Glücks säen würde. Ein Mantra schützt unseren Geist davor, die Dinge dualistisch, als getrennt von uns selbst, wahrzunehmen. Wir hören auf, die Dinge mit unserer begrenzten Vorstellungskraft erfassen zu wollen, und lernen, uns wieder an den einfachsten Dingen des Lebens zu erfreuen; und wir beginnen, uns als Teil des universellen Kraftfeldes zu fühlen.

Spiritualität hat in den meisten Traditionen mit sehr viel Entsagung und schlichtem Leben zu tun, Askese wird gepredigt und hochgehalten. Bei uns liebt man Farben und wunderschön gestaltete Buddha-Figuren, vor allem die bildschönen Tara-Figuren. Für uns Tibeter sind Farbenpracht und spirituelle Ernsthaftigkeit kein Widerspruch, vielleicht ist das mit einer der Gründe dafür, dass sich unsere Kultur im Westen so großer Aufmerksamkeit und Beliebtheit erfreut.

Ost und West

Viele Menschen im Westen tragen eine große Sehnsucht nach Ruhe und Frieden in sich, die sie in ihrem allzu lauten Alltag vermissen. Sie klagen über enormen Stress und oft geradezu unmenschlichen Druck, dem sie im Beruf ausgesetzt sind und dem sie nicht entkommen können. Sie fühlen sich oft leer und ausgehöhlt, sind trotz des ganzen Trubels um sich herum im Inneren zutiefst allein und einsam. Seit in den 1960er-Jahren mit der ersten Welle von Flüchtlingen aus Tibet die Tradition der östlichen Meditationen, des Rezitierens von Mantras und der Übung der dazugehörigen Mudras mehr und mehr an Bekanntheit gewonnen hatte, haben immer mehr Menschen begonnen, diese Rituale in ihren Alltag zu integrieren. Sie erfassten oft schon beim ersten Hören, dass die Mantras niemanden ausschließen – diese Silben entfalten ihre heilsame Wirkung ohne jegliche Begrenzung, sie verlangen weder Vorkenntnisse noch jahrelange Studien, sie benötigen lediglich achtsame Aufmerksamkeit und offene Herzen. Unabhängig von der Zugehörigkeit zu einer bestimmten religiösen Gemeinschaft wurden die tibetische Meditation und das Rezitieren der Mantras in den letzten Jahrzehnten als eine wertvolle Möglichkeit erkannt, zur Ruhe zu kommen, den Ängste und Sorgen für eine Weile keine Macht über sich zu lassen und die eigene Spiritualität zu entdecken und zu intensivieren.

Als Tibeterin, die aufgrund äußerer Umstände in Katmandu geboren und in der Schweiz aufgewachsen ist, lernte ich von meinen Eltern von klein auf die traditionellen buddhistischen Zeremonien, Meditationen und Mantras meiner Kultur kennen, lebte sie jedoch in einer anderen Welt. Die Verbindung von Westen und Osten wurde so für mich eine Selbstverständlichkeit; ich fühlte mich behütet in der geistigen Lehre des Buddhismus und fand mich zurecht in der Alltagswelt des Westens. Die Klänge des Mantras der Zuflucht »Kyap Dro« sind mir ebenso vertraut wie das »Vaterunser« meiner Schulkolleginnen, die christlich erzogen wurden. Weil wir in der Schweiz in einem christlich geprägten Land leben, ist mir das Ave Maria von Johann Sebastian Bach nicht fremd und vermag mich genauso tief zu berühren wie die Kraft eines Tara-Mantras. Außerdem habe ich viele dieser Kirchenlieder in der Schule im Gesangsunterricht mit Begeisterung gesungen, auch wenn ich den Text nicht immer verstand. Wenn ich als Buddhistin die Mala zur

Hand nehme, eine Kette mit 108 Perlen, und diese durch meine
Hand laufen lasse, während ich das Tara-Mantra »Om Tare
Tuttare Ture Soha« spreche, unterscheidet sich die Intensität
dieser Rezitation kaum davon, wenn ein Christ den Rosenkranz
mit seinen 59 Perlen zur Hand nimmt und 50-mal das Rosen-
kranzgebet – Vaterunser, Ave Maria, Ehre sei dem Vater – rezitiert. Entscheidend ist lediglich, mit welcher Inbrunst und Hingabe man diese Texte spricht.

Es war und ist mir vergönnt, diese Erfahrung mit einer der
bedeutendsten Sängerinnen unserer Zeit – der legendären Tina
Turner – und der Musiktherapeutin und Sängerin Regula Curti
in einem gemeinsamen Projekt den Menschen zugänglich zu
machen. Mit der 2009 entstandenen CD BEYOND verbinden
wir christliche und buddhistische Weisheiten in Form gesunge-
ner Gebete, deren spirituelle Kraft die gleiche universelle und
friedensfördernde Botschaft in sich vereinen. BEYOND ist das
Werk von drei Frauen, die nicht unterschiedlicher sein könnten, was ihre Herkunft betrifft, und dient jedem von uns dazu,
aus den Erlösen ein Herzensprojekt zu finanzieren. Für mich ist
das eine Nähschule für tibetische Mädchen und eine Werkstatt
für tibetische Jungen, in der sie zu Automechanikern ausgebil-
det werden. Und zugleich machten wir alle drei die Erfahrung
mit dem Publikum, dass ein Gebet – aus welcher Religion auch
immer es stammen mag –, aus dem tiefsten Inneren des Herzens vorgetragen, eine stärkende Wirkung zum Wohle aller
Menschen entfaltet.

Wäre es nicht schön, wenn wir in unserem Alltag im Westen
vermehrt älteren Menschen begegnen würden, die – einen Rosenkranz haltend – ihre christlichen Gebete sprechen würden?
In Tibet gehört das zum Bild jeden Dorfes, jeder Stadt, ja jeder
Familie, und ich mag es, wenn ältere Menschen diese Art der

Zufriedenheit, Ruhe und Geborgenheit ausstrahlen. Stattdessen sitzen viele von ihnen einsam und verlassen in den Altersheimen, und ihre Augen blicken mit großer Traurigkeit ins Leere. Das macht mich immer nachdenklich, und ich würde am liebsten allen eine schöne Mala in die Hand drücken und sie dazu ermuntern, das Ave Maria oder sonst ein Herzensgebet zu sprechen. So würden sie keine kostbare Minute mehr mit Traurigkeit vergeuden, sondern könnten für ihr eigenes Wohl sowie das Wohlergehen ihrer Kinder und Kindeskinder beten. Für das Wohl aller Wesen auf der ganzen Welt könnten sie die Mantras aussenden, auf dass alle Wesen verschont bleiben von schrecklichen Kriegen, Naturkatastrophen etc. So könnten sie einen wichtigen Beitrag leisten, und zugleich würde ihnen die Erfüllung dieser Aufgabe einen großen Sinn im Leben schenken.

Mein Vater, mein spiritueller Lehrer

Es ist mir durchaus bewusst, dass ich das kostbare Privileg hatte, in meinem Vater Dagsay Rinpoche einen spirituellen Lehrer zu finden, der zugleich als einer der ehrwürdigen Lamas unendlich viele Menschen auf ihrem geistigen Bewusstseinsweg begleitet hat. Da ich mich von klein auf dafür interessierte, wie man gute Verdienste sammelt, und weil ich die Mantras und Gebete zu Hause so schön fand, war meinen Eltern rasch klar, dass ich eine karmische Veranlagung dafür in mir trug. In unserer Kultur sagen wir: Man hat eine karmische Veranlagung für etwas oder eben nicht. Meine Eltern waren überzeugt, dass ich bereits in meinem letzten Leben in einem buddhistischen Umfeld gelebt haben müsse und dass deshalb eine große Vertrautheit vorhanden sei.

Schon früh brachte mir mein Vater, mein Pala, wie ich ihn von klein auf nenne, Tibetisch bei, weil es für eine umfassende Einführung in die Lehre Buddhas nur von Vorteil sein würde. Allerdings war ich wohl noch ein bisschen zu jung, um diese einmalige Chance zu begreifen. Ich war damals wie ein nach unten gedrehtes Gefäß: Nichts wollte wirklich in meinem kleinen Hirn bleiben, so stark war der Drang, mit meinen Freundinnen draußen zu spielen. Dazu kam, dass mein Vater von mir verlangte, die tibetische Schrift mit einem selbst geschnitzten Bambusstift und Tinte zu schreiben. Am Stift lag es bestimmt nicht, denn Pala war handwerklich so begabt, dass es keinen besseren Stift hätte geben können. Der Stift war so geschnitzt, dass er vorne nicht spitz, sondern breit war. Diesen vorderen Teil des Bambusstiftes tauchte man in die Tinte und zog dann für jeden Buchstaben einen langen Strich von oben nach unten, wobei man den breiten Teil des Stiftes zuerst voll aufdrückte und allmählich beim Hinunterziehen zur Seite drehte, um gegen Ende des Striches nur noch eine feine Linie zu zeichnen. Es war eine völlig andere Art des Schreibens, und zu Beginn muss mein Heft wohl wie ein modernes Gemälde ausgesehen haben. Lauter kleine und große Tintenflecken, Spritzer, wenn zu stark gedrückt wurde, und unendlich viele blaue Fingerabdrücke.

Mein Vater tut mir jetzt noch manchmal leid, wenn ich daran denke, dass er einem schmollenden siebenjährigen Mädchen trotzdem so viel Aufmerksamkeit schenkte. Auch wenn er mir manchmal die Ohren lang zog, wenn ich die Buchstaben immer noch nicht begriffen hatte, war er die Geduld in Person, und heute bin ich ihm dankbar, dass er so streng war. Irgendwann ging es besser, und heute bin ich froh um diese Erfahrungen.

Nur wer diese schwierig zu erlernende Sprache wirklich beherrscht, kann die Philosophie der Original-Mantras in ihrer ganzen Vielfalt, ihrer unendlichen Reichhaltigkeit verstehen. Das sagt auch Seine Heiligkeit der Dalai Lama immer wieder und ermuntert die jungen Tibeter und Tibeterinnen, die Dharma-Texte in der Originalsprache aufmerksam zu studieren. Denn in keiner anderen Sprache dieser Welt findet man ausführlichere und vollständigere Auslegungen des gesamten Buddhismus.

Als Tochter eines Lamas an der Quelle des großen Wissens sein zu dürfen empfand ich schon damals als großes Glück und begann, so oft wie möglich an den Belehrungen teilzunehmen, die mein Vater für seine westlichen Schüler gab. Ich durfte manchmal auch dabei helfen, seine Vorträge zu übersetzen, was immer sehr lehrreich für mich war. In diesen Momenten war er nicht nur mein von mir sehr verehrter Vater, sondern auch ein Rinpoche, der aus tiefstem Mitgefühl den Menschen hilft, das kostbare menschliche Leben sinnvoll zu gestalten. Er erklärte seinen aufmerksamen Schülern, dass es drei Wege gibt, um unser jetziges menschliches Erdendasein zur Erlangung unserer höchsten Verwirklichung zu nutzen. Dazu, stark verkürzt, einige Erläuterungen.

Hinayana, Mahayana und Vajrayana

Die Anhänger des Hinayana-Buddhismus streben die Befreiung vom Kreislauf der Wiedergeburten, dem sogenannten Samsara, in erster Linie für sich selbst an – vorwiegend die Buddhisten in Sri Lanka, Thailand, Myanmar, Kambodscha, Laos und Vietnam –, und somit ist die Motivation eher auf die eigene Erleuchtung fokussiert. Um nicht nur uns selbst, sondern alle anderen Lebewesen vollständig vor einer Wiedergeburt in allen sechs

Bereichen (Hölle, Hungergeister, Tiere, Menschen, eifersüchtige Götter, Götter) zu schützen, praktizieren die Anhänger des Mahayana-Pfades – die Buddhisten in Tibet, Buthan, Korea, China, Mongolei, Taiwan und Japan – das »große Fahrzeug«. Um jedoch das höchste Gut, die Buddhaschaft, möglichst rasch zu erlangen, lehrt der tibetische Buddhismus »das Diamant-Fahrzeug« oder den Vajrayana-Pfad.

Dagsay Rinpoche erklärte die Vorzüge einer menschlichen Wiedergeburt folgendermaßen: Wir haben alle ein menschliches Leben erlangt, weil wir in unserem früheren Leben ein ethisch korrektes Leben geführt haben. Das ist ein überwältigender Grund, höchstes Glück zu empfinden, denn ein menschliches Leben zu erlangen ist äußerst rar und deshalb von unschätzbarem Wert. Man stelle sich vor, dass auf einem unendlich großen Ozean ein Ring schwimmt. Auf dem tiefen Meeresboden kriecht eine blinde Schildkröte, die nur alle hundert Jahre einmal bis an die Oberfläche auftaucht. Die Wahrscheinlichkeit, dass wir ein menschliches Leben erlangen, ist genauso klein wie diejenige, dass die Schildkröte genau mit dem Hals in den Ring durch die Wasseroberfläche stößt.

Als ich diese Geschichte zum ersten Mal hörte, war ich etwa zehn Jahre alt, und ich weiß noch genau, dass mir die Schildkröte unendlich leidgetan hat. Mein Vater wählte dieses eindrucksvolle Beispiel, um den Leuten die Augen zu öffnen und ihnen deutlich zu machen, dass gemäß Buddha die menschlichen Wesen die beste Voraussetzung für das Eintreten in das Nirwana besitzen.

Das Wertvolle daran ist nicht etwa, dass wir als menschliche Wesen gewisse Annehmlichkeiten wie schöne Kleider, Essen, Trinken genießen können oder gute Freunde haben, sondern dass wir im Gegensatz zu den Tieren einen menschlichen Geist besitzen, mit dem wir uns über den Sinn unseres Daseins Gedanken machen können. Wir können die Ursachen von Leid und Glück erkennen und unser Karma selbst in die Hand nehmen. Wir sind mit dieser Fähigkeit ausgestattet, die uns ermöglicht, die Zusammenhänge vergangener und zukünftiger Existenzen verstehen zu können. Wir sind in der Lage einzusehen, dass ein menschliches Leben – gemessen an der Ewigkeit – unglaublich kurz ist, und können den Entschluss fassen, die Ursachen für eine gute Wiedergeburt in der Zukunft lieber jetzt als zu spät selbst zu erschaffen. Auch wenn hier im Westen der Gedanke an den Tod, vor allem an den eigenen Tod, gerne verdrängt wird, gibt es doch auch hier immer mehr und mehr Leute, die die Wichtigkeit erkennen, sich mit dem Gedanken der eigenen Endlichkeit vertraut zu machen. Natürlich gab und gibt es immer wieder Menschen, die große Mühe bekunden, die Wiedergeburt, die für Buddhisten ganz selbstverständlich ist, als Realität anzunehmen. Sie sind davon überzeugt, dass nach dem jetzigen Leben nichts mehr kommt – für sie ist ihre endliche Existenz wie ein Licht, das ausgeschaltet wird. Ihnen versucht Dagsay Rinpoche zu erklären, dass er ihre Ansichten respektiere, und dann fährt er jeweils fort: »Es geht im Buddhismus darum, lieber hoffnungsvoll als hoffnungslos zu sterben. Und vor allem darum, mit einem friedvollen Geist dieses Leben zu verlassen.«

Buddha hat erklärt, dass wir eine menschliche Wiedergeburt erlangen, wenn wir uns in diesem Leben moralisch und ethisch korrekt verhalten. Durch das Praktizieren von Geduld schaffen wir die Ursache für ein schönes Aussehen. Wenn wir uns in Geben üben, schaffen wir die Ursache für Wohlstand und Reichtum. Das freudvolle fleißige Üben in tugendhaften Handlungen sorgt dafür, dass all unsere Wünsche erfüllt werden. Einen friedvollen ruhigen Geist erlangen wir im nächsten Leben, wenn wir uns in diesem Leben in Meditation üben, und wir werden befähigt sein, die Unwissenheit zu zerstören und alle Probleme zu überwinden, wenn wir in diesem Leben Weisheit entwickeln.

Stellen wir uns nur für einen kurzen Augenblick vor, dass wir gerade heute sterben und innerhalb der nächsten 49 Tage, wie Buddha es hinterlassen hat, in unserem neuen Körper aufwachen. Wieder werden wir durch das Leben und seinen oft beschwerlichen Alltag geformt, müssen uns mit den Gebrechen des Alters auseinandersetzen, womöglich wegen schwerer Krankheit leiden und schließlich dem Tod ins Auge sehen, und das Ganze – ein neues menschliches Leben – beginnt von vorne. Die sechs Bereiche des Daseinskreislaufs halten für uns Menschen und andere Wesen nicht viel mehr als ein Problem nach dem anderen bereit und sind unendlich, bis wir die vollkommene Erleuchtung erreicht haben. Wir nennen diesen Daseinskreis »Samsara« und tragen alle in uns den Wunsch, diesem Samsara zu entfliehen, um dauerhaft von Leid befreit zu sein. Wir werden all unsere Verblendungen überwinden und vollständige Befreiung vom Samsara erlangen, wenn wir mit dieser Motivation der Entsagung die spirituelle Praxis der moralischen Disziplin, der Konzentration und der Weisheit ausüben.

Mein Vater lehrte mich auch, dass der übervolle Geist sich erst ganz von allem befreien und sozusagen gereinigt werden muss, dass es Geduld und Ausdauer braucht, damit sich die Wirkung der Mantras entfalten kann. Jeder Mensch, so die tiefe Überzeugung meines Vaters, die ich teile, kann – unabhängig von seiner kulturellen, sozialen oder religiösen Herkunft und ebenso unabhängig von seinem natürlichen Temperament – den Zugang zu der Kraft der Mantras finden, wenn er oder sie sich aufrichtig darum bemüht.

Geschichte der Mantras

Lassen Sie uns deshalb auf unserer gemeinsamen Reise als Erstes ein wenig in die Geschichte der Mantras eintauchen, wobei ich, dankbar für die lehrreichen Unterweisungen, auf das mir von meinem Vater vermittelte Wissen sowie auf eigene Erfahrungen und Studien zurückgreife. Dazu zunächst die Bedeutung verschiedener Begriffe:

Es ist wohl kaum ein Artikel in einer Zeitschrift zu finden, der sich um Lebenshilfe dreht und der ohne den Begriff »Mantra« auskommt; es ist ein sehr cooles Wort geworden, aber der tiefere Sinn dieses Begriffs ist viel zu kostbar, als dass man ihn nur als Modewort kennen sollte.

Das Wort »Mantra« stammt aus dem Sanskrit und bezeichnet heilige und heilsame Silben, Wörter oder Sätze, die seit Tausenden von Jahren rezitiert werden. Wörtlich übersetzt heißt Mantra »Das, was den Geist beschützt«. Das achtsame Rezitieren dieser uralten Heilsilben entfaltet eine ganz besondere Kraft, wodurch der Geist zunächst einmal erheblich zur Ruhe kommt und ein inneres Gleichgewicht wiederhergestellt wird. Wir glauben, dass sogar das bloße Sehen oder Hören eines Mantras eine heilvolle und schützende Wirkung auf uns hat.

Für Buddhisten sind Mantras keine gewöhnliche Aneinanderreihung von irgendwelchen Lauten, sondern Kraftsilben, die die Essenz der Lehre Buddhas verkörpern und deshalb seinen Segen tragen. Mein Vater erklärte mir, dass es so unendlich viele Mantras gibt, sodass man gar nicht alle kennen kann und sich einige von ihnen nicht erklären oder in andere Sprachen übersetzen kann. Man versteht sie nur – wie schon die Poesie des »Kleinen Prinzen« – mit dem Herzen. Es gibt Mantras, die man ohne spezielle Einweihung oder Erlaubnis praktizieren darf,

47

und andere, die einem nur von einem Lama in einer ununter-
brochenen Linie, die bis zu Buddha zurückführt, zuteilwerden
können.

Die Funktion eines Mantras besteht darin, den Geist von negativen Geisteszuständen wie Hass, Gier, Unwissenheit, Stolz,
Wut und Neid zu befreien und das Herz freizumachen für unsere ureigene wahre Natur, was nichts anderes ist als grenzenlose Liebe, Mitgefühl, Freude und Gleichmut für alle Wesen.
Die Wirkung dieser Mantras geht noch weit über die Reinigung
hinaus. Es ist, als ob wir uns durch das Rezitieren mit unserem
Urklang, der schon immer da war, verbinden, und als ob wir
dadurch den subtilen inneren Klang unserer Buddha-Natur
hörbar machen würden. Diese Heilsilben haben ihren Ursprung
in der über 4000 Jahre alten vedischen Hochkultur und wurden
zunächst mündlich überliefert. Ihren Kern bilden sogenannte
Shruti, worunter von Weisen gehörte Texte – vergleichbar den
christlichen Offenbarungen – zu verstehen sind.

»Mudras«, zu Deutsch »Körperstellungen, Gesten«, begleiten
die Meditation und Mantras und intensivieren deren Wirkung.
Am bekanntesten sind bestimmte Finger-Mudras, wobei die
Finger in eine vorgeschriebene Position gebracht werden, um
bestimmte körperliche, geistige und/oder spirituelle Wirkun-
gen hervorzurufen.

Mit »Meditation« bezeichnen viele Kulturen die spirituelle
Praxis, um durch Achtsamkeit und Konzentration den Geist zu
sammeln und zu beruhigen. Im tibetischen Buddhismus lautet
das höchste Ziel, durch Meditation und das Rezitieren der
Mantras in den Zustand der vollkommenen Erleuchtung zu
gelangen. Um den Geist zu sammeln und zu öffnen, wurden
ebenfalls im Christentum, gemäß Pater Jean-Sébastien, zahlreiche spirituelle Übungen überliefert. Die bekanntesten sind etwa

das Herzensgebet oder die »Himmelsleiter« der Lectio – meditatio – oratio – contemplatio (Lesung – Meditation – Gebet – Anbetung). Alle diese Übungen dienen dem dreifachen Weg: via purgativa (Reinigung), via illuminativa (Erleuchtung) und via unitiva (Vereinigung). Besonders in den mystischen Traditionen sollten damit der Verstand und das Denken zur Ruhe kommen, um den »einen Urgrund« freizulegen.

Wo auch immer die indischen Meister ihre Mantras lehrten, taten sie das in der Originalsprache Sanskrit, und das wird bis heute oft so beibehalten, weil die Heilsilben in dieser Sprache besonders segensreich sind. Sanskrit, eine sehr alte Sprache, wird auch Devanagari, wörtlich »Sprache der Götter«, genannt.

Den Mantras, die direkt Buddha zugeschrieben werden, wird eine ganz besondere Heilkraft attestiert, weshalb wir großen Wert auf die wortgetreue Rezitation legen, damit ihre heilsame Wirkung nicht beeinträchtigt wird. Während die Hindus der korrekten Aussprache der einzelnen Silben und Intonation höchste Priorität zusprechen, haben sich bei den Tibetern auf der anderen Seite des Himalajas kleine Änderungen in der Aussprache eingeschlichen.

In der tibetischen Mantra-Praxis wird zweifellos auf die Einhaltung des Originaltextes achtgegeben, aber viel mehr als alles andere zählen bei uns die unerschütterliche Hingabe und das Vertrauen in die Kraft des jeweiligen Mantras oder Gebetes. Denn wir wissen: Man kann ein absolut einwandfrei betontes und korrektes Mantra sprechen, wenn es aber nicht aus der Tiefe des Herzens kommt, ist es nur halb so wirkungsvoll. Mein Vater formuliert es so: Wenn die Menschen ein Mantra sprechen, erreicht das die erleuchteten Wesen auf eine direkte Weise – ob korrekt oder ungenau gesprochen. So, wie man weiß, was ein Bettler vor dem Haus mit seiner Bettelschale in der

Hand von einem möchte, ohne dass es dazu vieler, präzise ausgesprochener Worte bedarf. Die erleuchteten Wesen sind mehr als bereit, uns mit ihrem Schutz zu segnen, wenn wir sie nur aufrichtig darum bitten. Dazu zwei wunderbare Anekdoten, die in meiner Familie immer wieder gern erzählt werden.

Vom Einsiedler, der sein Leben lang das Mantra falsch rezitierte

Ein Einsiedler lebte auf einer kleinen Insel. Eines Tages erschien ein vorbeiziehender Mönch bei ihm und machte ihn darauf aufmerksam, dass er das Mantra falsch rezitieren würde. Der Einsiedler nahm sich vor, fortan das Mantra korrekt zu sprechen, doch schon unmittelbar darauf hatte er die Unterweisung des Besuchers wieder vergessen. Weil es ihm jedoch ernst mit seinem Versprechen war, versuchte er, den Mönch einzuholen, um ihn nochmals zu fragen. Er ging so schnell er konnte, und als er den Mönch erreicht hatte, brachte dieser vor Staunen kaum ein Wort heraus. Der Einsiedler bat den Mönch, das Mantra doch noch einmal für ihn zu wiederholen, da er es vergessen habe. Da antwortete der Mönch, es sei alles in Ordnung, offenbar zeige das Mantra bei ihm trotz allem seine Wirkung, denn sonst hätte er ihm nicht auf der Wasseroberfläche folgen können.

Vom 7. Dalai Lama und dem Pilger

Der 7. Dalai Lama beobachtete einen Mann vom Potala-Palast aus, wie dieser jeden Morgen um den Jokhang-Tempel in Lhasa seine Kora – mindestens drei Umrundungen um eine heilige Stätte – absolvierte. Über seinem Kopf schwebte stets ein Schutzschirm mit dem Bildnis der Tara. Völlig beeindruckt von diesem Phänomen ließ der Dalai Lama nach diesem Pilger rufen und empfing ihn in seinem Palast. Er fragte ihn, welches Mantra er denn praktiziere. Der Pilger rezitierte daraufhin für den Dalai Lama das Mantra der Tara. Der Dalai Lama staunte und sagte, wie eigenartig, das sei aber nicht ganz richtig, denn es müsse korrekterweise anders lauten, und brachte es dem Pilger bei. Der Pilger bedankte sich zutiefst und gelobte, das Mantra ab sofort korrekt zu rezitieren. Am nächsten Morgen schaute der Dalai Lama wieder nach unten und stellte zu seinem Schrecken fest, dass der Pilger zwar seine Kora machte, aber der Schutzschirm mit dem Bildnis der Tara verschwunden war. Schnell ließ er den Pilger wieder zu sich rufen und sagte ihm, er solle doch wieder wie gewohnt sein altes Mantra praktizieren.

Die sechs Vollkommenheiten des Geistes – Paramitas

»Der Erwachte«, Buddha, hatte es als seine ureigene Lebensaufgabe erkannt, einen Weg aus all dem Leid zu suchen, das den Menschen damals widerfuhr. Der in eine königliche Familie Hineingeborene ließ alles hinter sich, um als Wandermönch nach den wahren Ursachen von Unglück und Leid zu forschen und den Menschen zu zeigen, wie sie diese überwinden können. Im Alter von 35 Jahren erreichte er den Zustand des vollkommenen Erwachens unter einer Pappelfeige, einem sogenannten Bodhibaum, der bis heute als »Baum der Weisheit« in Bodh Gaya im nordindischen Staat Bihar verehrt wird. Von da an sprach er 45 Jahre lang vor den Menschen über seine Erkenntnisse. Buddha hinterließ bei seinem Tod mit 80 Jahren um ca. 420 v. Chr./368 v. Chr. (die genauen Daten sind in der Forschung umstritten) einen Kanon der Lehre und einen der Ordensregeln, die seine Schüler zusammentrugen und bis heute praktiziert werden.

Für mich persönlich sind besonders die von Buddha hinterlassenen sechs Vollkommenheiten des Geistes, auch transzendente Tugenden – Paramitas – genannt, eine unendliche Quelle der Inspiration. Im Alter von 18 Jahren hielt mein Vater mich für reif genug, um mich mit den Paramitas vertraut zu machen. In seinen Augen bilden die sechs Vollkommenheiten ein unverzichtbares Fundament, um sich seiner Lebensaufgabe zu stellen.

Das Sanskritwort »Paramita« bedeutet »zu einem anderen Ufer übersetzen«, zu etwas, dem keine menschlichen Grenzen gesetzt sind. Alle diese sechs Tugenden stellen eine erleuchtete Qualität des Herzens dar, die im Alltag jedoch häufig durch Illusion, Selbstsucht und andere negative karmische Tendenzen verdunkelt werden, weshalb wir sie uns täglich ins Bewusstsein rufen und unser Handeln nach ihnen ausrichten müssen.

Meine Mutter, mein großes Vorbild

Eines meiner wichtigsten Vorbilder in dieser Hinsicht war meine Mutter, denn einer der Leitsätze unserer lieben Amala lautete stets: »Sempa sangpo schän la tschä na, tschawa lam dro rang la yong«, was auf Deutsch bedeutet: »Begegne anderen stets mit einem gütigen Herzen, und dir werden Glück und Erfolg zufallen.«

Ich erinnere mich noch gut daran, wie sie uns das selbst auf eine eindrückliche Weise immer wieder vorlebte. In den 1970er-Jahren, als ich etwa elf Jahre alt war, verließen wir den Kanton Toggenburg in der Ostschweiz, um uns in Horgen am Zürichsee niederzulassen. Wir waren die erste tibetische Familie in Horgen, bevor eine große Gruppe Tibeter aus den indischen Flüchtlingslagern direkt in diese Gemeinde gebracht wurde, die künftig dem Dorfbild Horgens eine bunt schillernde Färbung verleihen sollte.

Meine Mutter war damals eine schöne Frau Anfang dreißig, immer gut angezogen und gepflegt, sie sprach eine sympathische Kombination aus Schweizerdeutsch und Deutsch und strahlte eine natürliche Heiterkeit und Lebensfreude aus. Wir Kinder waren immer so stolz, wenn uns unsere Amala von der Schule abholte, da sie in unseren Augen stets die schönste aller Mütter war.

Bei den Gemeindebehörden und auch den Vertretern des Schweizer Roten Kreuzes war unsere Mutter sehr angesehen und konnte sich entsprechend für die tibetischen Neuankömmlinge einsetzen. Da sie selbst acht Jahre zuvor die schwere Situation einer Flucht und des Ankommens in einem wildfremden Kulturkreis durchgemacht hatte, wusste sie, wie froh man ist, wenn sich jemand liebevoll um einen kümmert, insbesondere wenn man die Sprache nicht versteht und sich dadurch noch unbehauster fühlt. Ganz behutsam machte sie ihre Landsleute mit den europäischen Gepflogenheiten vertraut und erklärte beispielsweise den Frauen, dass sie sich künftig nicht wie in Tibet Butter auf den Scheitel schmieren sollten, um ihre Nerven zu beruhigen, und dass man in der Schweiz auf eine saubere Erscheinung großen Wert legt.

Ich glaube, sie war für die Tibeter eine wichtige und wertvolle moralische Stütze, denn die meisten kamen direkt vom indischen Straßenbau, womit sie ihren kargen Lebensunterhalt ein wenig aufbessern konnten. Sie hatten enorme Schwierigkeiten, sich der neuen Lebenssituation in einer komplett fremden Welt anzupassen, und viele von ihnen waren immer noch traumatisiert und orientierungslos durch den Verlust ihrer Heimat. Wenn wir Kinder sie in den Gesprächen mit den neu angekommenen Landsleuten beobachteten, wurde uns klar, dass unsere Mutter eine ganz außergewöhnliche Frau war, die ihren Leitsatz auch tatsächlich lebte. Wann immer sie konnte, half sie anderen auf ihre herzliche Art, und alle liebten die Yischi la – was auf Deutsch »die Erkenntnis« heißt.

Für die Tibeter waren die Begegnungen mit unserer Mutter in weitreichender Hinsicht eine in der Tat außergewöhnliche Situation. Viele von ihnen stammten aus der gleichen Region in Tibet wie meine Familie, doch dort hätten sie kaum Berührungspunkte miteinander gehabt, da die sozialen Schichten zu unterschiedlich gewesen wären. In Tibet hätten sie es kaum gewagt, die Yischi la auf offener Straße auch nur anzusprechen, da sie die Schwester des hohen ehrenhaften Lamas ihres Klosters und die Tochter meiner Großeltern war, die einen sehr noblen Ruf hatten. Unsere Amala nahm ihnen diese Bedenken, indem sie darauf hinwies, dass die alten tibetischen Gesetze in der Schweiz nicht gelten und dass in diesem Land alle Menschen die gleichen Rechte hätten. Sie konnte das noch so häufig erwähnen, das hinderte die Tibeter nicht daran, ihr jedes Mal die Zunge herauszustrecken, wenn meine Mutter zu ihnen kam.

Als ich das erste Mal eine solche Begrüßung erlebte, reagierte ich voller Unverständnis, ja geradezu geschockt, und ich fragte meine Mutter, ob sie sich nicht ganz furchtbar beleidigt fühle, wenn ihre Landsleute ihr die Zunge herausstreckten, obwohl sie ihnen doch ständig helfe. Amala lachte herzlich und erläuterte, dass es in Tibet als größte Ehrerweisung gilt, wenn man eine hohe Persönlichkeit mit dem Herausstrecken seiner Zunge begrüßt.

Selbst viele Jahre danach passierte es, dass meine Amala und ich auf einem Jahrmarkt vergnügt Skooter fuhren, wobei man ja gelegentlich unbeabsichtigt oder beabsichtigt aufeinanderprallt, und prompt fuhren uns zwei junge Tibeter mit lang herausgezogenen Zungen direkt entgegen.

Meine Mutter ermahnte uns Kinder immer wieder, möglichst viel gutes Karma in unserem jetzigen Leben anzusammeln. Denn das Glück, das wir in diesem Leben erfahren dürfen, ist das Resultat eines guten Karmas, das wir in unserem gegenwärtigen oder früheren Leben angesammelt haben. Wenn wir es aber bewusst oder unbewusst versäumen, unser Karma auch in diesem Leben mit tugendhaften Handlungen und Verdienst anzuhäufen, kann es durchaus sein, dass unser nächstes Leben weniger glücklich verläuft.

So höre ich sie heute noch, wie sie schönen Schauspielerinnen oder berühmten und erfolgreichen Menschen großen Respekt zollte, indem sie klarstellte, dass all diese Menschen in diesem Leben die positiven Früchte ihres guten Karmas von vergangenen Leben ernten. Das macht es im Grunde unmöglich, neidisch auf diese Menschen sein, denn sie hatten ihr Glück in ihren früheren Leben selbst geschmiedet. Ganz im Gegenteil: Es machte einem Mut, sofort mit guten Verdiensten zu beginnen und die kostbare Zeit nicht zu vergeuden, die dieses Leben für uns noch bereithält. Ein oft von ihr zitiertes Sprichwort illustriert diese Haltung auf sehr schöne Art: »Wenn du wissen willst, wer du warst, schau auf das, was du bist. Wenn du wissen willst, wer du im nächsten Leben sein wirst, dann schau auf deine Taten – jetzt.«

Buddha hat mit seinen Belehrungen wohl unzähligen Menschen damals in Indien eine große Freiheit und Eigenverantwortung geschenkt, als er sich gegen das hinduistische Kastensystem aussprach und alle Menschen gleich behandelte. Seine Erkenntnisse galten und gelten ausnahmslos für alle: Es gibt keine höheren oder niederen Kasten von Menschen. Ein Jeder, unabhängig davon, aus welcher Familie er stammt, trägt die Buddha-Natur in sich, und jeder Mensch hat die gleichen Voraussetzungen, zu einem erleuchteten Buddha zu werden.

Die sechs Vollkommenheiten, die mein Vater uns lehrte, knüpfen unmittelbar an die Erlebnisse an, bei denen ich meine Mutter beobachten konnte, die mit ihrer Großzügigkeit nicht nur ihre Familie bedachte, sondern das Wohl der anderen über ihr eigenes stellte. Die letzten sechzehn Jahre ihres Lebens widmete sie ihre ganze Energie und all ihre Gedanken dem Wiederaufbau des Klosters Chokri in Osttibet und dem Bau einer Klinik für die Bevölkerung, die bis dahin keinen Anschluss an eine medizische Versorgung hatte. Durch ihre offene, sympathische Art schaffte sie es, viele unserer Familienfreunde in der Schweiz dazu zu bewegen, das Projekt tatkräftig zu unterstützen, sodass das Kloster und die Klinik 1999 eingeweiht werden konnten.

Für mich lebte meine Mutter das Bodhisattva-Ideal im ursprünglichsten Sinne des Wortes – eine Geisteshaltung, deren oberste Priorität das Wohlergehen aller Lebewesen ist.

1. Die Tugend des Gebens – Dana Paramita

Dagsay Rinpoche erklärte uns, dass die Tugend des Gebens die Ursache dafür schafft, dass man im nächsten Leben eine Fülle von Wohlstand und Reichtum erfahren wird. Das Geben von Freude, Liebe und Mitgefühl gleich welcher Form gilt als große Chance, Verdienste zu sammeln. Von da an war für mich klar, dass ich versuchen würde, mit meiner Stimme möglichst viel Freude zu bereiten und dadurch viele Verdienste zu sammeln.

Großzügigkeit wird häufig rein auf das Materielle verstanden, davon ist im Buddhismus jedoch nur bedingt die Rede, auch wenn wir Geld oder Besitztümer verschenken. Mit Dana Paramita ist in erster Linie die erleuchtete Qualität der Großzügigkeit, Gebefreudigkeit, Wohltätigkeit und Darbringung gemeint.

Anders ausgedrückt: Die Essenz dieser Tugend ist eine Liebe, die keine Bedingungen stellt, eine grenzenlose Offenheit von Herz und Geist, eine selbstlose Großzügigkeit und Gebefreudigkeit, die völlig frei ist von jeglicher Erwartung. Wer selbstlos gibt, nicht getrieben ist vom Wunsch nach Dankbarkeit oder Bestätigung, dient dem Wohlergehen aller Lebewesen. Wer durchdrungen ist von Dana Paramita, kennt keine »Wenn … dann«-Sätze. Dieser Mensch handelt aus einer reinen Motivation heraus und empfindet eine wahrhafte Anteilnahme für andere Wesen. Es ist die wirklich großzügige Motivation eines durch Mitgefühl, Weisheit und Liebe erwachten Herzens. Ganz wesentlich ist, dass wir nicht urteilen, ob sich jemand, der etwas von uns erhält, dessen würdig oder unwürdig erweisen könnte. Um die wahre Tugend der Großzügigkeit zu kultivieren, ist es angebracht und klug, sich ständig über die Nachteile von Geiz als auch die offensichtliche Tatsache, dass unser Körper und unser Wohlstand vergänglich sind, bewusst zu sein.

Sobald unser Geist dieses Wissen verinnerlicht hat, fühlen wir uns mit Sicherheit dazu ermutigt, großzügig zu werden, denn echte Großzügigkeit ist ein Heilmittel für die Leiden, resultierend aus Begehren, Geiz und Besitzgier.

Verdeutlicht wird diese Tugend auch im Gebet zur Erlangung des Erleuchtungsgeistes, in dem die Wichtigkeit aller sechs Vollkommenheiten zum Ausdruck kommt:

sang gye tschö dang tshog kyi tschog nam la
dschang dschub bar du dag ni kyab su tschi
dag gi dschin sog gyi pä sö nam kyi
dro la phän tschir sang gyä drup par shog

Bis zur Erleuchtung nehme ich Zuflucht zu Buddha,
zu seiner Lehre und der höchsten praktizierenden
Gemeinschaft.
Möge ich durch das positive Potenzial meiner
Übungen des Gebens und
anderer Vollkommenheiten die Buddhaschaft erlangen
und alle Wesen in diesen Zustand führen.

❀ ❀ ❀

Das Retten von Leben beispielsweise gilt auch als eine wichtige
Form des Gebens. So besteht ein Ritual bei den Tibetern darin,
dass sie immer wieder Tiere, zum Beispiel Hunderte gefangener
Fische, auf dem Markt kaufen, um sie anschließend wieder frei-
zulassen.

Eine weitere, sehr verankerte Art des Gebens in meiner Welt
ist das Geben der Möglichkeit, das Dharma gründlich zu studieren. Als großes Verdienst wird es erachtet, wenn man beispielsweise den Lebensunterhalt von Mönchen oder Nonnen
finanziert, sodass sie sich ganz intensiv dem Studium des Bud-
dha-Dharmas widmen können.

2. Die Tugend der Ethik – Sila Paramita

Ein Leben im Einklang mit der reinen Ethik zu führen und die
zehn unheilsamen Handlungen zu vermeiden bietet nicht nur
Schutz vor Leiden in diesem Leben, sondern schafft auch die

wichtigste Ursache für eine menschliche Wiedergeburt. Die zehn unheilsamen Handlungen beziehen sich auf die Handlungen der drei Tore von Körper, Sprache und Geist. So sollten wir die drei Leid bringenden körperlichen Handlungen – Töten, Stehlen und sexuelles Fehlverhalten – vermeiden. Die vier Leid bringenden Handlungen der Sprache wie Lügen, verletzende Rede, grobe Rede und belangloses Geschwätz können uns ebenfalls in große Schwierigkeiten bringen. Die drei unheilsamen Handlungen des Geistes, die wir aufgeben sollten, sind Habgier, Böswilligkeit und falsche Ansicht.

Die reichhaltige Tugend beinhaltet das rechtschaffene und ethische Verhalten, eine hohe Moral, Selbstdisziplin, persönliche Integrität, Ehre und das Nichtverletzen anderer. Diese positive Geisteshaltung schafft einen ganz besonderen Raum, der unsere Handlungen entsprechend prägt. Die Essenz dieser Tugend kommt zum Ausdruck, indem wir anderen nicht schaden, da wir uns in Liebe und Mitgefühl üben; wir sind tugendsam und gewaltfrei in unseren Gedanken, in unserer Rede und in unseren Handlungen. Sie ist die Grundlage für das Voranschreiten in jeglicher Meditationspraxis und für das Erreichen aller höheren Realisationen auf dem Weg.

Unsere Praxis der Großzügigkeit sollte immer durch unsere ethische Lebensführung unterstützt werden, die den Bodhisattva-Gelübden der sechs Vollkommenheiten folgt. Diesen Regeln, die sich auch in den Zehn Geboten des Christentums finden, zu folgen bedeutet keine Bürde oder gar eine Einschränkung unserer Freiheit. Das Gegenteil ist richtig: Wir können eine größere innere Freiheit genießen, mehr Glück und Sicherheit in unserem Leben finden, weil wir durch unser tugendhaftes Verhalten kein weiteres Leiden mehr für uns selbst und andere Wesen erzeugen. Indem wir diese Tugend aktiv in unserem

Leben als Grundlage unseres Handelns wählen, werden wir frei von Negativität, fügen anderen Wesen keinen Schaden mehr zu, wir sprechen aus einer freundlichen und mitfühlenden Haltung heraus, und unsere Gedanken sind frei von Ärger, Böswilligkeit und falschen Ansichten. Sobald wir uns völlig unserer Praxis der Ethik verschrieben haben, fühlen wir uns im Fluss, voller Vertrauen, ohne Stress und sind glücklich, weil wir nicht mehr länger von unterschwelligen Gefühlen wie Schuld oder Reue geplagt werden; wir haben nichts mehr zu verstecken. Wir halten unser persönliches Ehrgefühl, unsere Integrität und unsere moralische Unfehlbarkeit aufrecht, die das Fundament für all unser Glück, unsere Gutherzigkeit und sogar für das Erreichen der Erleuchtung bilden.

3. Die Tugend der Geduld – Kshanti Paramita

Die Fähigkeit, geduldig zu sein, gibt allen schwierigen Situationen in unserem Leben einen Sinn, in denen unsere wuterfüllten Gefühle kurz davor stehen, einen Waldbrand auszulösen. Wenn wir in solchen Momenten einen kühlen Kopf bewahren und uns auf diese Praxis besinnen können – dann haben wir Buddhas Lehre verstanden.

Die Tugend der Geduld fand ich auch deshalb immer so beflügelnd, weil sie angeblich die Ursache dafür schaffen soll, dass man im nächsten Leben einen schönen anziehenden Körper erlangen wird. Das würde also bedeuten: Je mehr mich jemand ärgert und ich die Gelegenheit erhalte, mich in Geduld und Toleranz zu üben, desto mehr Gelassenheit entwickle ich und arbeite zugleich an meinem Aussehen für die nächste Wiedergeburt. Ich finde das immer noch genial, denn wer möchte nicht attraktiv sein?

Natürlich ging es Buddha keineswegs darum, dass wir uns alle möglichst für ein schönes Aussehen anstrengen. Vielmehr geht es darum, unseren unreifen Geist zu schulen. Es ist allerdings eine sehr leichte und angenehme Aufgabe, ruhig, entspannt und friedvoll im Geiste zu bleiben, wenn die Menschen um uns herum nett mit uns sind und uns in Ruhe lassen. Aber in dem Moment, in dem wir persönlich angegriffen werden, sei es verbal oder körperlich, fällt es uns unglaublich schwer, den Geist ruhig zu halten und nicht zurückzuschlagen. Das ist absolut menschlich und verständlich.

Im Buddhismus gilt die Meditation als das Herzstück der Praxis. Denn nur mittels Meditation sind wir in der Lage, den Geist zu beruhigen und in eine große Ausgeglichenheit zu führen. Durch regelmäßiges Meditieren entsteht ein friedvoller Geist, der trotz widriger äußerer Umstände seinen Raum und Klarheit beibehält. Dagsay Rinpoche vergleicht diese Klarheit der Meditation mit dem Licht einer Kerze. Wenn ein Kerzenlicht ständig Windstößen ausgesetzt ist, flackert die Flamme unentwegt und wird uns kaum nützlich sein, um das Wandbild im Dunkeln anschauen zu können. Ist sie hingegen ruhig, können wir das Bild an der Wand sehr deutlich erkennen.

Mittels Schulung des Geistes gelingt es uns, nach und nach die negativen, Leid bringenden Geisteshaltungen zu überwinden und dauerhaftes Glück zu erlangen. Für einen praktizierenden Buddhisten sind genau die Momente, in denen wir uns bedroht fühlen, äußerst wichtig und stellen die größte Herausforderung dar, der sie sich mutig stellen wollen. Einen unzerstörbaren Geist – einem Diamanten gleich – zu erlangen, der trotz aller Widrigkeiten in voller Klarheit in sich ruht und friedvoll bleibt, ist das oberste Ziel der buddhistischen Geistesschulung. Wie auch jede Art von Tätigkeit nur Fortschritte zeigt, wenn wir unermüdlich üben, so braucht auch der Geist die Möglichkeit, zu trainieren. Die Buddhisten gehen sogar so weit, dass sie vor ihren Gegnern und Feinden eine große Verbeugung machen und sich dafür bedanken, dass sie ihnen diese Gelegenheit geben. Wir können uns in Geduld und Toleranz nur üben, wenn das Ich-Gefühl angegriffen wird und sich Wut, Hass und Aggression melden.

Folglich sind die Meditationssitzungen wichtig, aber noch wichtiger sind die Zeiten zwischen den Meditationen, denn da zeigt es sich, wie gut wir uns auf schwierige Situationen vorbereitet haben. Anders ausgedrückt: Zu Hause auf dem Meditationskissen machen wir eine Art Trockenübung, um dann auf der Straße die richtigen Kämpfe gegen unsere eigenen Verblendungen durch Hass, Gier und Unwissenheit auszutragen.

Die Tugend der Geduld ist mit Sicherheit die in unserer hektischen Welt mit am schwersten zu praktizierende Tugend. Den Kern dieses Paramita bilden Toleranz, Duldsamkeit und Akzeptanz, woraus Stärke für Geist und Herz entwachsen, die uns befähigt, den Herausforderungen und Schwierigkeiten des Lebens gelassen entgegenzusehen, ohne unsere Fassung und innere Ruhe zu verlieren. Wir dulden die Widrigkeiten des Lebens und nehmen auch Kränkungen, Bedrängnisse und die Fehler anderer mit Geduld und Toleranz, frei von Verbitterung, Irritationen, gefühlsmäßigen Reaktionen oder dem Wunsch nach Vergeltungsmaßnahmen an.

Sobald es uns gelingt, die Qualität der Geduld zu verinnerlichen, werden wir weder von Lob, Erfolg, erfreulichen Umständen abhängen noch ärgerlich, unglücklich oder depressiv werden, sobald wir mit Anfechtungen, ungerechtfertigter Kritik oder Missgunst konfrontiert werden. Damit ist jedoch keinesfalls gemeint, dass wir unsere echten Gedanken und Gefühle unterdrücken oder gar verleugnen sollen. Die Fähigkeit zur Geduld entsteht durch unsere offenen Herzen und den bereitwillig aufnahmefähigen Geist. Dadurch sind wir in der Lage, unsere eigene Vergänglichkeit zu akzeptieren. Wir können unser Schicksal nicht nur annehmen, sondern es auch freudig ertragen. Wir werden bereit, Nachsicht walten zu lassen, und entwickeln ein tiefes Verständnis für das Wohlergehen aller Wesen – die unabdingbare Voraussetzung, um ein »wahrer Bodhisattva« zu werden.

Was mich besonders für diese Tugend einnimmt, ist die Einsicht, dass wir andere Menschen nicht aufgeben, wenn wir ihnen Geduld entgegenbringen und Nachsichtigkeit üben, sondern ihnen mit unserem geduldigen Beistand helfen, das sie quälende Leiden zu lindern. Dies ist eine wichtige Erkenntnis und zugleich der Unterschied zwischen Mitleid und Mitgefühl; nur wenn wir selbst ruhig und gelassen, ohne zu werten oder gar zu verurteilen, anderen beistehen, getragen von echter Gelassenheit und Geduld, können sie daraus Kraft schöpfen. Mitgefühl stärkt den anderen, Mitleid hingegen schwächt beide.

4. Die Tugend der freudigen Anstrengung/ begeisterten Beharrlichkeit – Virya Paramita

Diese Tugend fasst zusammen, was wir im Westen als die Qualitäten Energie, Durchhaltevermögen, Fleiß, Enthusiasmus, beständige Anstrengung bezeichnen. Diese Qualität ist essenziell, um das »Dharma« praktizieren und das höchste Ziel der Erleuchtung zum Wohle aller Wesen verfolgen zu können.

Dharma bezeichnet das Daseinsgesetz Buddhas; es beinhaltet die Lehre von den Vier Edlen Wahrheiten, die die Grundlage der buddhistischen Lehre bilden. Aus beständiger Anstrengung entsteht der Mut, unbeirrbar seinen Weg zu gehen, seien die Anfechtungen von außen auch noch so massiv.

Mein Vater hat uns Kindern diese Vier Edlen Wahrheiten schon früh nahegebracht, denn sie enthalten die ersten Erkenntnisse, die Buddha nach seiner Erleuchtung gewann. Buddha erkannte, wie sich auf relativer Ebene Glück und Leid im Leben der Wesen abwechseln. Obwohl alle nach dauerhafter Erfüllung suchen, gelingt es doch keinem, diese zu erlangen. Gleichzeitig sah er aus absoluter Sicht, wie allen Wesen der Zustand des Buddhas als zeitloser Ausdruck des eigenen Geistes innewohnt. Dies veranlasste ihn zu der Aussage: »Sie tragen alle die Buddha-Natur in sich, sie wissen es nur nicht.«

Der schon mehrfach angesprochene Mut ist derjenige, der sich weder von ungünstigen Umständen, von eigenen Fehlern noch von Enttäuschungen niederringen lässt. Gerade die Unvollkommenheit der Resultate unserer Anstrengungen zeigt, wie viel Ausdauer wir aufbringen müssen, und je stärker wir unseren Geist entwickeln, je weniger wir uns ablenken lassen, umso eigenständiger werden wir. Diese Art von Unbeirrbarkeit hat wohl auch der Theologe und Reformator Martin Luther gemeint, als er sagte: »Wenn ich wüsste, dass morgen die Welt untergeht, würde ich heute noch ein Apfelbäumchen pflanzen.«

5. Die Tugend der Konzentration – Dhyana Paramita

In einer Welt, in der ununterbrochen und von allen Seiten auf uns eingewirkt wird – mit Worten, mit Geräuschen, mit Gesten –, wird es immer komplexer, sich auf etwas zu konzentrieren und den Fokus nicht zu verlieren. Ständig werden wir von etwas abgelenkt, und es sind keineswegs nur unwichtige Dinge, die nach unserer Aufmerksamkeit verlangen, was die Konzentration nur noch schwieriger macht. Konzentration verlangt Achtsamkeit und mentale Stärke, denn in unserem Kopf rotieren die Gedanken, und unser ruheloser Geist bewegt sich ständig von einem Gedanken oder Gefühl zum nächsten Gedanken/Gefühl. Und wie oft hören wir den Seufzer: »Wenn doch nur ein wenig Ruhe herrschen könnte.« Dabei vergessen wir, dass wir selbst die Ursache für unsere Unruhe stiften, indem wir unseren alten Mustern wie Esel ständig im Kreis hinterherlaufen.

Die Vollkommenheit der Konzentration bedeutet Geistestraining, damit unser Geist nicht zügellos wird. Wir stabilisieren unseren Geist und unsere Emotionen, indem wir meditieren, achtsam und bewusst bleiben in allem, was wir tun. Sobald wir mit dem Geist auf diese Weise arbeiten, werden wir nicht mehr von physischen, emotionalen und mentalen Schwankungen und von Ruhelosigkeit geplagt. Konzentration, das Fokussieren auf eine bestimmte Sache oder Person erzeugt Klarheit, Gleichmut und Strahlkraft unseres Geistes. Konzentration erlaubt uns eine tiefe Einsicht, die benötigt wird, um gewohnheitsmäßige Täuschungen und Anhaftungen, die Verwirrung und Leiden hervorrufen, aufzulösen.

Sobald wir frei von diesen Täuschungen und Anhaftungen sind, können wir ganz direkt Freude, Mitgefühl und die Weisheit unserer wahren Natur erleben. Weisheit und Erleuchtung können nicht erlangt werden, ohne vorher den Geist durch Konzentration und Meditation geschult zu haben.

6. Die Tugend der Weisheit – Prajna Paramita

Beinahe erscheint es vermessen, diese Tugend jemandem zuzuschreiben, denn welcher Mensch erreicht in seinem Erdenleben allumfassende Weisheit, Einsicht und vollkommenes Verstehen? Diese Tugend anzustreben und sich redlich darum zu bemühen ist jedoch das, worauf es ankommt.

Mein Vater formulierte es wie folgt: »Die Essenz dieser Paramita ist die höchste Weisheit und das höchste Verstehen, das lebende Wesen überhaupt in der Lage sind zu erlangen – jenseits von Worten und völlig frei von Begrenzungen durch Konzepte, Meinungen oder bloßem intellektuellem Wissen. Jenseits der engen Grenzen von intellektuellen und konzeptuellen Geisteszuständen erfahren wir den erwachten Herz-Geist von Weisheit und Mitgefühl – Prajna Paramita. Wir sehen die grundlegende Natur der Realität mit äußerster Klarheit, unsere Wahrnehmung befindet sich jenseits trügerischer und irreführender Schleier der materiellen Existenz. Mit der Vollkommenheit der Weisheit erreichen wir die Fähigkeit, die Wahrheit hinter der vorüberziehenden Entfaltung aller Erscheinungen zu erkennen.«

Alte Mantras für die heutige Zeit

Dieser sehr verkürzte Exkurs führt mich zu einer häufig an mich herangetragenen Frage: Warum gestehen wir diesen alten Mantras diese enorme Kraft zu oder, anders formuliert, warum gibt es keine Mantras aus moderneren Zeiten oder gar aus unserem, dem 21. Jahrhundert? Natürlich spricht nichts dagegen, dass begabte Dichter einen wunderbaren Text verfassen und Musiker diese Texte mit ihren Kompositionen bereichern. Daraus entstehen großartige Lieder, denen jedoch der Segen fehlt. Aufgrund meiner Studien und dank der Vermittlung meines Vaters weiß ich, dass die alten Texte, die von Buddha stammen, gesegnet sind. Dabei ist primär nicht deren Alter entscheidend, sondern die Haltung desjenigen, der sie verfasst hat – der Erleuchtete, dem diese Gnade der Bewusstwerdung gewährt wurde. Wer genau hinhört, vermag die Weisheit und die tiefe Spiritualität dieser Texte zu erleben, ohne dass man die Sprache versteht, denn der Geist beruhigt sich, der ganze Mensch kommt in eine tiefe Ruhe und kann sein Herz öffnen. Ein vergleichbares Empfinden erlebe ich beispielsweise, wenn ich das Requiem von Bach höre, in dem der Komponist ebenfalls auf alte Texte zurückgriff, deren Worte viele nicht verstehen, die dennoch direkt das Herz zu öffnen vermögen und die von der Seele sehr wohl verstanden werden. Gemeinsam ist diesen Texten und Klängen, dass man sie vor allem über das Herz versteht und sie dort ihre Kraft entfalten.

Die alten Mantras haben über Jahrtausende hinweg vielen Menschen Schutz geboten. Sie waren und sind Hilfe, Rettung, Schutz und Zuflucht; sie ließen und lassen den Geist ruhig und besonnen werden, sie haben viele Menschen gesegnet. Und allein dadurch habe ich die Gewissheit, dass das Potenzial verstärkt wird von all diesen Menschen, die diese Mantras praktiziert haben. Denn jeder Mensch kreiert eine positive Energie, wenn er diese Silben ausspricht. Und Klang ist ja Energie, es wird zu einer positiven Energie, wenn dieser Klang von einem positiven Gedanken begleitet wird. Mit meinem Gesang und meiner Musik versuche ich, diese Mantras in die Moderne zu transferieren. Ich möchte die Menschen, wenn sie blockiert sind und weder ein noch aus wissen, daran erinnern: Gebt nicht auf, es gibt etwas, das wirklich helfen kann, und das ist die Praxis dieser Mantras. Aus der Erfahrung heraus, dass ich damit so viel Schutz kreieren kann für mich und andere, aus dieser Überzeugung heraus möchte ich die Mantras mit den Menschen teilen.

Die Schulung des Geistes spielt in unserer Kultur die zentrale Rolle. Das Kultivieren von Liebe und Mitgefühl ist von eminenter Bedeutung. Dies in die Sprache des Westens zu übertragen, sodass man die Menschen wirklich erreichen, berühren und bewegen kann, ist mein persönliches Anliegen. Auch wenn ich schon früh in meinem Leben mit den Mantras in Kontakt kam und durch meinen Vater in die tibetische Philosophie eingeführt wurde, habe ich erst spät – im Alter von achtunddreißig Jahren – begonnen, meine mir gegebene Aufgabe zu ergreifen, denn ich musste zunächst den Mut aufbringen, vor Menschen aufzutreten und der Kraft meiner Stimme wirklich zu vertrauen. Dies verlief nicht ohne Ängste und Zweifel, denn es ist eines, im Kreis von lieben Freunden gemeinsam zu singen, etwas ganz anderes jedoch, auf einer öffentlichen Bühne zu stehen. Wie kann es sein, dass eine bis dahin gut im Westen integrierte Mutter von zwei Töchtern plötzlich den Schritt von der Chorsängerin zu Soloauftritten mit einer eigenen Gruppe von Musikern wagt? Die Antwort ist einfach: Angeregt durch meinen Mann, der mich immer wieder auf die Besonderheiten meiner Stimme hinwies und mich bat, dieses Potenzial im Sinne meiner Aufgabe zu nutzen, fühlte ich eines Tages, das ist meine Berufung, und zögerte nicht länger, sie anzunehmen.

Je mehr und intensiver ich mich mit den Inhalten der Mantras beschäftigt habe, umso mehr habe ich erkannt, wie viel uns Menschen im Osten und Westen im Grunde verbindet. Im tibetischen Buddhismus geht es ganz zentral darum zu erkennen, dass das übersteigerte Ego für unendlich viel Leid verantwortlich ist. Gelingt es, das Ego zu überwinden, gelingt es auch, mit allen Lebewesen echtes Mitgefühl zu empfinden, sich mit ihnen zu verbinden und für ihr Wohlergehen zu beten. Ist man hingegen mit dem Ego identifiziert, ist das ausgeschlossen, und leider schaffen es die meisten Menschen nicht, diese Barriere zu überwinden. Und sind es nicht ähnliche Worte, die Christen dazu anleiten, sich ihren Nächsten zuzuwenden? Ein wunderbares Beispiel dafür, worauf es im Sinne der tibetischen Lehre wirklich ankommt, ist das Sechs-Silben-Mantra des Mitgefühls »Om Mani Peme Hum«, auch »Compassion«-Mantra genannt, das Mitgefühl für alle Lebewesen erweckt. Erreicht man es durch achtsames und aufrichtiges Bemühen, dieses Mitgefühl tatsächlich zu empfinden, wird es unmöglich, diesen Lebewesen ein Leid zuzufügen. Und wieder fällt es mir leicht, eine Entsprechung in allen Kulturen zu finden: »Was du nicht willst, das man dir tu, das füg auch keinem andern zu.« Die Jesus zugeschriebenen Worte finden sich in ähnlicher Form im Islam (etwa Sure 24, 22 oder 83, 1–6), bei den Bahai oder den Aufklärern bis hin zum kategorischen Imperativ Kants: »Handle so, dass die Maxime deines Willens jederzeit zugleich als Prinzip einer allgemeinen Gesetzgebung gelten könne.«

Es ist meine tiefe Überzeugung, dass uns Menschen mehr verbindet als uns trennt. Jeder und jede von uns lacht und weint, erlebt Höhepunkte und Niederlagen; wir alle werden geboren und sterben eines Tages, und wir alle haben die Wahl, wie wir die uns geschenkte Lebenszeit verbringen. Ob wir uns den positiven oder den negativen Gedanken zuwenden, die einen unmittelbaren Einfluss auf unsere Handlungen haben – es liegt in unserer Hand.

Niemand und nichts, auch kein Mantra, kann Leid vermeiden. Und selbst wenn wir es im Rezitieren von Mantras zu einer regelrechten Meisterschaft bringen, bedeutet dies keineswegs, dass wir von Leid oder Krankheiten verschont bleiben. Die tibetische Meditation lehrt uns die Erkenntnis, wie wir solchen Prüfungen begegnen und sie meistern können. Vor allem lehrt sie uns jedoch, wie wir die Ursachen von Leid und Leiden erkennen können und dass wir mit unseren Gedanken, unseren Handlungen und unseren Empfindungen entscheidend dazu beitragen, es zukünftig zu vermindern.

Es bereitet mir Freude, den Menschen ein kleines Fenster zu öffnen und sie in meine Welt der Lieder und Mantras blicken zu lassen. Wir glauben, ja wir wissen, dass sie den Segen Buddhas tragen und die Essenz seiner Lehren enthalten. Somit erfährt man nicht nur Schutz durch ein Mantra, sondern verbindet sich mit der Essenz dieser jahrtausendealten Lehre.

Wir können die Welt um uns herum nicht ändern. Was wir aber bestimmt ändern können, ist unsere eigene Einstellung. Die grundlegende Veränderung unserer Einstellung ist aber nur möglich, wenn wir ganz klar erkennen, dass es viel entspannter und positiver für uns wird, sobald wir uns nicht mehr ins Zentrum des Universums stellen. In dem Moment, in dem wir realisieren, wie gut es uns tut, wenn wir uns nicht so schrecklich ernst nehmen, wissen wir, welchen Weg wir gehen wollen.

Die tiefe Wirkung, die positiven Spuren, die die Mantras in unserem Geist und in uns selbst, in unserem Umfeld, im ganzen Universum hinterlassen, sind nicht hoch genug einzuschätzen. Und zugleich möchte ich Ihnen auf die folgende Reise in meine tibetische Welt die Worte eines ganz besonderen Menschen mitgeben:

»Versuchen Sie nicht, das, was Sie durch den Buddhismus lernen, dazu zu benutzen, ein Buddhist zu werden; benutzen Sie das Gelernte, sich zu einem besseren Menschen zu entwickeln.« S. H. der 14. Dalai Lama

Die Mantras I

»Buddha lehrte, dass unser Geist der Schöpfer unserer Welt ist:
›Vom Geiste gehen die Dinge aus, sind geistgeboren und geistgeführt.‹ Unsere Welt ist nichts anderes als das Resultat unseres
eigenen Karmas oder unsere Handlungen. Im Tibetischen gibt
es ein Sprichwort, das diese Erkenntnis auf den Punkt bringt:
»Dag nyi dag gi gön po yin la«, was bedeutet »Du bist Dein eigener Herr und Beschützer«. Das zeigt mir, wie stark unser eigener Geist ist und welch grenzenlose, ja unerschöpfliche Möglichkeiten sich für uns eröffnen, wenn wir nur Buddhas Vier
Edle Wahrheiten verinnerlichen.«

Dechen Shak-Dagsay

»JEWEL«
TAKING REFUGE IN THE THREE JEWELS

Das Mantra

BUDDHAM SARANAM GACCHAMI
DHAMMAM SARANAM GACCHAMI
SANGHAM SARANAM GACCHAMI

Ich nehme Zuflucht zum Buddha.
Ich nehme Zuflucht zu seiner Lehre.
Ich nehme Zuflucht zur höchsten Gemeinschaft.

NAMO GURU BY
NAMO BUDDHA YA
NAMO DHARMA YA
NAMO SANGHA YA

Ich nehme Zuflucht zu meinem Lehrer.
Ich nehme Zuflucht zum Buddha.
Ich nehme Zuflucht zu seiner Lehre.
Ich nehme Zuflucht zur höchsten Gemeinschaft.

Das tibetische Gebet

la ma la kyab su chi o
Sangyä la kyab su chi o
tschö la kyab su chi o
ge dün la kyab su chi o

Ich nehme Zuflucht zu meinem Lehrer.
Ich nehme Zuflucht zum Buddha.
Ich nehme Zuflucht zu seiner Lehre.
Ich nehme Zuflucht zur höchsten Gemeinschaft.

Das tibetische Gebet der Zufluchtnahme und der Erzeugung vom Erleuchtungsgeist

Sangyä tschö dhang tshog kyi tschog nam la
Dschang dschub bar dhu dag ni kyab su tschi
Dag gi dschin sog gyi pä sö nam kyi
Dro la phän tschir sangyä drup par shog

Bis zur Erleuchtung nehme ich Zuflucht zu Buddha,
zu seiner Lehre und der höchsten Gemeinschaft.
Möge ich durch das positive Potenzial meiner Übungen
des Gebens und anderer Vollkommenheiten
die Buddhaschaft erlangen und alle
Wesen in diesen Zustand führen.

Die Vier Unermesslichen Gedanken

Sem tschän tham tschä de wa dhang
De wä gyu dhang dän par gyur tschig
Sem tschän tham tschä dug ngäl dhang
Dug ngäl gyi gyu dhang dräl war gyur tschig
Sem lschän tham tschä dug ngäl me pä
De wa dhang mi dräl war gyur tschig
Sem tschän tham tschä nye ring tschag dang nyi
dhang dräl wä tang ngom la nä par gyur tschig

Mögen sämtliche Wesen mit Glück
und den Ursachen des Glücks verbunden sein.
Mögen sämtliche Wesen von Leid
und den Ursachen des Leides getrennt sein.
Mögen sämtliche Wesen niemals von dem Glück, das
frei von Leid ist, getrennt sein.
Mögen sämtliche Wesen frei von Anhaftung und Hass
in Gleichmut verweilen.

Im Februar 2006 reiste ich mit meinem Mann Dr. Kalsang Shak, der in der Schweiz eine erfolgreiche Praxis als Naturarzt führt, nach Bodh Gaya im nordindischen Staat Bihar, um uns auf die Spuren von Buddha zu begeben. Unsere beiden Töchter Yuri Lhamo und Tara Lhanzey waren inzwischen erwachsen, und so gönnten wir uns diese erste Pilgerreise. Ich bin noch heute ganz erfüllt von den Eindrücken, die ich dort gesammelt habe. Es war gleichzeitig unsere Hochzeitsreise nach fünfundzwanzig Jahren Ehe, und wir waren stolz darauf, es so lange und so gut miteinander ausgehalten zu haben; beide drückten wir mit dieser Reise zudem die Hoffnung aus, dass wir es auch die nächsten fünfundzwanzig Jahre gemeinsam schaffen würden. Schon die Zugfahrt von Neu-Delhi nach Bodh Gaya war ein Erlebnis. Ich konnte mich nicht sattsehen an der Landschaft, den Menschen in ihren farbigen Saris, den kleinen Dörfern und den Tieren vor ihren kleinen Hütten.

Wie es bei uns der Brauch ist, trug ich einen Teil der Asche meiner verstorbenen Amala bei mir, um sie an den verschiedenen Pilgerstätten zu verstreuen, so hatte sie es sich gewünscht, und es war eine Ehre und Selbstverständlichkeit für mich, ihr diesen Wunsch zu erfüllen.

In den langen Stunden im Zug durch die Ursprungsheimat der Mantras kam mir wieder in den Sinn, wie viele Male unsere Mutter uns Kindern die aufregende Lebensgeschichte Buddhas erzählt hatte. Wir waren dann immer mucksmäuschenstill und hingen an ihren Lippen.

Die Geschichte von Buddha Shakyamuni

Buddha Shakyamuni wurde an einem Vollmondtag im Frühling unter verheißungsvollen Zeichen im heutigen Lumbini, im südlichen Teil von Nepal 200 km nördlich von Benares im Teilstaat Varanasi gelegen, als Sohn des Fürsten der SAKYA-Linie und dessen Frau Maya geboren. Die Empfängnis fand durch einen prächtig geschmückten Elefanten statt, der strahlend wie Schnee und Silber und mit sechs Stoßzähnen, die von seiner rechten Seite nach außen standen, in Erscheinung trat. Bei der Niederkunft im Lusthain von Lumbini, so sagt die Legende, wurde der ganze Hain von wie von einer unsichtbaren Zauberhand mit duftendem Wasser besprengt und von himmlischen Blumen übersät. Der Bodhisattva trat ohne Schmerzen ein und strahlend aus der Seite der Mutter Maya heraus. Wahrsager prophezeiten der Mutter, dass ihr Sohn entweder Herrscher über die ganze Welt oder ein Buddha werden würde.

Weiterhin wird berichtet, dass das kleine Kind, kaum hatte es die Erde betreten, bereits laufen konnte und sieben Schritte in jede Richtung tat, und bei jedem seiner Schritte öffnete sich eine Lotosblüte und entfaltete ihre herrliche Pracht. Die Mutter Maya starb kurz nach der Geburt des Knaben, und seine Tante

Mahaprajapati übernahm den kleinen Siddharta, so sein Rufname, was bedeutet: Der, der das Ziel erreicht hat.

Im zarten Alter von nur sieben Jahren erlangte Siddharta bereits die ersten Erkenntnisse von den Zusammenhängen des Lebens, als er einen Bauern beim Pflügen beobachtete. Er bemerkte eine schöne Eidechse, die ein Insekt jagte; bevor diese jedoch das Insekt fangen konnte, züngelte eine Schlange hervor und fraß die Eidechse. Kurz darauf stieß ein Raubvogel von oben herab und packte die Schlange. Siddharta erkannte, wie nahe Glück und Leid nebeneinanderliegen und entwickelte ein großes Mitgefühl für alle leidenden Wesen.

Mit sechzehn heiratete er auf Wunsch seines Vaters seine Cousine Yasodhara und wurde nach dreizehn Jahren Vater eines Sohnes namens Rahula. Siddharta beschäftigte sich stets mit Fragen zur inneren Welt des Menschen und der Natur menschlicher Leiden. Dies waren lauter Fragen, über die er nicht mit seinem Vater sprechen konnte, da dieser alles vermied, was seinen Sohn zum Nachdenken bewegen könnte. Sein Sohn sollte sich nach der Vorstellung des Vaters mit weltlichen Dingen beschäftigen und ein großer Herrscher werden.

Erst sehr viel später verließ Prinz Siddharta die sicheren Mauern des Königspalastes und machte vier Ausfahrten, die ihn prägen sollten. Er begegnete einem Alten, einem Kranken, einem Toten und einem Asketen. Diese Leiden waren ihm fremd, und er fragte den Wagenlenker, was sie zu bedeuten hätten. Der Bedienstete erklärte ihm, dass es das Los aller Wesen sei, krank und alt zu werden und dass alle irgendwann sterben müssten. Die Asketen jedoch versuchten, diesem Leiden durch strenge körperliche und geistige Übung zu entkommen. Siddharta sah die Welt von nun an mit anderen Augen – die Zeit als sinnenfreudiger Prinz war vorbei. Er verließ den Palast, ohne sich von seiner Frau und seinem Sohn zu verabschieden, und wollte erst dann zurückkehren, wenn er einen Weg aus dem Leiden gefunden hatte.

Als Ersten suchte er den Asketen Alara Kalama auf, der ihn als Schüler aufnahm. Dieser brachte ihm alles bei, um den Zustand des »Absoluten Nichts« zu erreichen. Siddharta fand aber keine Antworten auf seine drängenden Fragen und wandte sich von diesem Lehrer ab. Daraufhin traf er den Asketen Uddaka Ramaputra, der ihm den Weg des »Weder-Wissens-noch-Nichtwissens« wies, doch auch diese Lehre führte Siddharta nicht zum Ziel.

Schließlich begann er selbst, strengste Askese zu üben, und es schlossen sich ihm fünf Wanderasketen an, da sie von seiner Praxis so beeindruckt waren. Eine Zeit lang soll Siddharta sich nur von einem Reiskorn ernährt haben und bis auf die Knochen abgemagert sein. Er übertraf jeden anderen Asketen an Strenge und Selbstdisziplin. Aber nach sechs Jahren Askese ohne tiefere Einsichten in die Natur des Leidens erkannte er, dass er auf dem falschen Weg war, und begann, wieder Nahrung zu sich zu nehmen.

Überliefert wird, dass am Fluss, wo Siddharta die Askese übte, ein Boot vorbeifuhr. Auf diesem Boot vermittelte ein Musiker seinem Schüler die Grundzüge des Spiels auf dem Saiteninstrument. Der Musiker erklärte, um einen richtigen Ton zu erlangen, dürfe die Saite weder zu gespannt noch zu locker sein. Die mittlere Spannung sei die richtige Grundlage für die Musik und den schönen Ton. Da erkannte Siddharta, dass der mittlere Weg zur Erlangung der Erleuchtung wichtig war, dass weder extreme Askese noch das Schwelgen in sinnlichen Genüssen zur Erleuchtung führen konnte. Der Weg zwischen den beiden Extremen musste der richtige Pfad sein.

Siddharta machte sich allein auf den Weg und kam zum Fluss Nairanjana. Dort spendete ihm eine junge Frau eine Milchspeise. Er setzte sich unter einen Feigenbaum und gelobte, den Platz nicht eher zu verlassen, bis er Erleuchtung erlangt und das Leiden überwunden habe. Er meditierte 49 Tage ununterbrochen und trat in eine tiefe Versenkung ein. Die fünf Asketen wandten sich entsetzt von Siddharta ab, da sie überzeugt waren, er wäre den weltlichen Genüssen wieder verfallen, weil er wieder Nahrung zu sich nahm.

Während Siddharta unter dem Baum saß, erschien Mara (Verkörperung der Welt der Sinne) und versuchte, Siddhartas Erleuchtung zu verhindern, indem er seine bildschönen Töchter schickte (die die drei Geistesgifte Unwissenheit, Hass und Gier symbolisieren), um Sidddharta zu verführen.

Doch Siddharta widerstand Maras Verlockungen, da er bereits frei war von jeglicher Anhaftung und Begierde. Daraufhin versuchte Mara, Siddharta zu ängstigen, und schoss mit Waffen auf ihn, die sich aber unmittelbar vor dem in sich versunkenen Prinzen in Blumen verwandelten. Mara wollte nun unbedingt wissen, wer denn bezeugen könne, dass es ausgerechnet Sidharta sei, der zum Buddha bestimmt sei. Siddharta berührte mit der rechten Hand die Erde, und diese bestätigte es durch ein Beben, dass in ihm der zukünftige Buddha gekommen war.

Siddharta gelangte zur Erleuchtung, nachdem er folgende drei Erkenntnisse erlangt hatte: Er sah alle seine früheren Leben in verschiedensten Körpern und begriff, dass er über unzählige Leben hindurch unermesslich viel Verdienste gesammelt hatte, um ans Ziel zu gelangen. Er erkannte das universelle Gesetz des Karmas: Heilsame Handlungen führen zum Glück, unheilsame Handlungen zu Leid. Er erkannte die »Vier Edlen Wahrheiten« und die »Drei Merkmale der Bedingten Existenz«.

Siddharta hatte Allwissenheit erlangt und war zu einem Buddha, einem Erwachten, geworden. Er hatte das Nirwana, den Zustand der höchsten Weisheit, der absoluten Ruhe des Friedens und der absoluten Leidensfreiheit, verwirklicht.

Buddha lehrte, dass unser Geist der Schöpfer unserer Welt ist. Ferner sagte er: »Vom Geiste gehen die Dinge aus, sind geistgeboren und geistgeführt.« Unsere Welt ist nichts anderes als das Resultat unseres eigenen Karmas oder unserer Handlungen. Im Tibetischen gibt es ein schönes Sprichwort, das diese Erkenntnis vollendet auf den Punkt bringt: »Dag nyi dag gi gön po yin la«, was bedeutet: »Du bist dein eigener Herr und Beschützer«. Das zeigt mir, wie stark unser eigener Geist ist und welch grenzenlose, ja unerschöpfliche Möglichkeiten sich für uns eröffnen, wenn wir nur ansatzweise Buddhas Vier Edle Wahrheiten in uns verinnerlichen. Man nennt sie »edel«, weil sie vollkommen verlässliche Hilfestellungen im täglichen Leben sind.

1. Erkenne das Leiden
2. Erkenne die Ursachen des Leidens
3. Erkenne den Weg zur Aufhebung von Leiden
4. Gehe den Weg zur Aufhebung von Leiden

1. Wahrheit: Erkenne das Leiden

Erkenne das Leiden in diesem sowie in all deinen zukünftigen Leben. Geburt, Krankheit, Alter und Tod sind Leiden, denen wir alle immer wieder aufs Neue ohne Ende ausgesetzt sein werden.

Wir leiden, wenn wir von Umständen, Dingen oder Menschen, die wir lieben oder begehren, getrennt sein müssen. Wir leiden genauso, wenn wir mit Umständen, Dingen oder Menschen zusammen sein müssen, die wir nicht mögen. Gewöhnlich neigen wir dazu, den Problemen und dem Leiden des gegenwärtigen Lebens größte Bedeutung zukommen zu lassen. Dabei vergessen wir, dass wir viel besorgter um die Probleme und Leiden unserer zukünftigen Leben sein sollten. Buddha lehrte, dass wir dieses kostbare menschliche Leben nutzen sollten, um unsere nächsten Leben glücklich zu gestalten.

2. Erkenne die Ursachen des Leidens

Mit den Ursachen des Leidens sind die Verblendungen des Geistes gemeint: Gier, Hass und Unwissenheit. Wir teilen alle denselben tiefen Wunsch, möglichst frei von Leiden zu sein. Aber ohne die Verblendungen zu überwinden wird es uns nie möglich sein, dauerhafte Befreiung von unseren Problemen und Leiden zu erlangen.

Die Verblendungen des Geistes führen zu einem Greifen nach dem ICH, das es eigentlich im wahren Sinne gar nicht gibt. Dieses Greifen nach dem ICH, das ständig fest in unserem Herz verweilt, sorgt dafür, dass unser innerer Frieden immer wieder zerstört wird. Weil unser beschränkter Geist auf diesem ICH besteht, entstehen Zuschreibungen wie »MEIN« oder »DEIN«. Dieses begrenzte Denken führt dazu, dass der Geist auch andere Dinge und Phänomene als echt und real existierend betrachtet. Daraus entsteht große Abneigung gegenüber den Dingen und Personen, die nicht auf unserer Linie liegen und die wir deshalb hassen, und es kommt zu Anhaftung und dem Sehnen – man könnte es auch als Abhängigkeit bezeichnen – nach Dingen und Personen, die wir mögen.

3. Erkenne den Weg zur Aufhebung von Leiden

Aus den bisherigen Ausführungen ergibt sich, dass wir einen echten Wunsch, das Leiden zu beenden, hervorbringen sollten. Wie schön das Beenden von Leid ist, erkennen wir beispielsweise dann, wenn wir nach langer Krankheit wieder genesen. Aber das ist nur eine vorübergehende Beendigung von Leid. Um geistigen Frieden und Freiheit zu erlangen, müssen wir uns von den drei Geistesgiften Gier, Hass und Unwissenheit vollkommen lösen. Das ist der einzige Weg, um Leiden zu überwinden und den Zustand der Erleuchtung zu erlangen.

4. Gehe den Weg zur Aufhebung von Leiden

Aus tiefstem Mitgefühl für alle Wesen entschloss sich Buddha, nachdem er das Leiden der Menschen gesehen hatte, die Buddhaschaft zu erlangen, um sämtliche Wesen in diesen Zustand zu führen. In dieser Vierten Edlen Wahrheit beschreibt Buddha anhand des Edlen Achtfachen Pfades den Weg, den man gehen muss, um den Geist gänzlich von den Verblendungen von Gier, Hass und Unwissenheit zu beseitigen und Erlösung zu erlangen. Dieser Edle Achtfache Pfad ist Buddhas Weg der Mitte, der frei ist von allen Extremen.

Vielleicht ist gerade dieses »frei von allen Extremen« der Grund dafür, dass der Buddhismus bei vielen Nichtbuddhisten eine leise Bewunderung auslöst. Der Buddhismus kennt keine Dogmen und versteht sich nicht als Schöpferreligion mit Vorschriften und Bestrafungen. Er ist vielmehr eine Lebensphilosophie, deren alte Texte bis in die heutige Zeit etwas Lebendiges ausstrahlen und auch religionsübergreifende Gültigkeit haben, da es sich um ein Naturgesetz von Ursache und Wirkung und nicht um eine Religion im herkömmlichen Sinn handelt.

🌸 🌸 🌸

Was mich an Buddha unter vielen anderen Weisheiten fasziniert, ist seine Aussage, dass es nichts Gefährlicheres gibt als »blinden Glauben«. So hat er seine Schüler davor gewarnt, seine Dharma-Belehrungen ohne genaues Untersuchen und Studieren »blind« anzunehmen, nur weil sie von ihm stammen. Er riet ihnen, seine Worte in gleicher Manier zu prüfen, wie ein Goldschmied das Goldstück auf seine Echtheit prüft.

Es war bewegend, nun genau am selben Platz zu sitzen, an dem der Erhabene genau vor 2500 Jahren die Erleuchtung erlangt hatte. Jeden Morgen standen wir früh auf, um den Großen Stupa – ursprünglich ein Grabhügel für die bedeutenden Herrscher – zu umrunden und zu meditieren. Die ganze Tempelanlage war beschallt, und wir hörten praktisch jeden Tag die Zufluchtsformel »Buddham Saranam Gacchami, Dhammam Saranam gacchami, Sangham Saranam Gacchami« aus den Lautsprechern. Es war eine ganz alte Melodie, von indischen Männern und Frauen gesungen, die mich sehr berührte, und ich entschloss mich, dieses Mantra auf meinem nächsten Album zu singen.

Es war mir nach dieser Pilgerreise ein großes Anliegen, dieses Mantra besonders schön zu singen, und ich kombinierte es auf Sanskrit mit dem tibetischen Gebet der Zufluchtnahme.

Die Drei Juwelen

Die Zufluchtnahme zu den Drei Juwelen bildet die Basis der buddhistischen Lehre. Jedes Wesen sucht Schutz, wenn es sich fürchtet oder Angst empfindet; jedes Wesen möchte sich in Sicherheit bringen, wenn es Gefahr verspürt. Aber auch für die ganz alltäglichen Dinge im Leben brauchen wir einen Halt. Manche Menschen erhoffen sich Halt im Leben durch materiellen Wohlstand, andere sind davon überzeugt, dass eine Partnerschaft ihnen die Sicherheit vermitteln und als Anker im Leben dienen wird.

Buddha hat gelehrt, dass wir, solange wir unser Glück von äußeren Umständen abhängig machen, immer wieder Leid erfahren werden. Der größte Schutz vor Leiden bildet die Zufluchtnahme zu den Drei Juwelen von »Buddha, dem Dharma und der höchsten Gemeinschaft«. Mit dieser Zufluchtsformel stellt man sich direkt unter den Schutz von Buddha, seiner Lehre und dem Sangha – (Sanskrit für Gemeinschaft), worunter die Gemeinschaft der Praktizierenden zu verstehen ist. Wir glauben, dass die Zufluchtnahme zu Buddha, zu seiner Lehre und zu der heiligen Gemeinschaft die Wesen vor sämtlichen Leiden schützen kann. Es gibt kein größeres Geschenk für einen Menschen als den Schutz vor Leiden. Er ist kostbarer als sämtliche Reichtümer dieser Welt, und deshalb nennt man die Zufluchtnahme auch die Drei Juwelen.

An Tagen, an denen ich mich sorge, an denen ich bedrückt bin, beginne ich mit diesem Mantra, denn Buddha weiß, wie einschüchternd diese negativen Emotionen sind und wie viel Elend sie anrichten. Oft denken Menschen, die mich erstmals auf der Bühne sehen, dass ich stets rundum zufrieden, ausgeglichen und gelassen bin, schließlich meditiere ich ja bereits seit Jahrzehnten, und umso erstaunter sind sie, wenn sie erfahren, dass ich nicht von Ängsten und Sorgen verschont bleibe.

Was ich hingegen kann, ist, meine Sorgen dem großen Erleuchteten vorzutragen – so wie es viele meiner westlichen Freunde bei Jesus Christus oder der Gottesmutter Maria tun. Wen immer wir mit unserer Fürbitte ansprechen, ob die Heiligen der christlichen Kirchen oder die Götter im Buddhismus, die Hingabe und Aufrichtigkeit, mit denen sie vorgetragen wird, sind das entscheidende Kriterium, um den Schutz zu erfahren. Und wie spürt man diesen Schutz? Indem Sie ganz einfach auf Ihr Herz hören und spüren, wie Sie ruhig werden und sich eine wohltuende Gelassenheit in Ihnen und Ihrem ganzen Körper ausbreitet.

Diese Zufluchtnahme ist mit dem Versprechen verbunden, keinem anderen Lebewesen Schaden zuzufügen und die fünf Vorsätze – »Silas« – einzuhalten:

1. nicht töten
2. nicht stehlen
3. kein sexuelles Fehlverhalten
4. nicht lügen
5. keine berauschenden Mittel zu sich nehmen

Diese fünf Silas kann man auch als Regeln zur Entwicklung von Sittlichkeit bezeichnen. Moderner formuliert: Die Einhaltung der Silas ist für einen erfolgreichen und ernsthaften Weg unumgänglich.

Buddhisten versuchen, diese fünf Gebote einzuhalten; es gibt zudem die zehn untugendhaften Handlungen, die fast identisch mit denen im Christentum sind.

OM MANI PEME HUM

Das Mantra

OM MANI PEME HUM
Oh du kostbares Kleinod in der Lotosblüte

Das tibetische Gebet

lü de sem chän khang yin
dug ngel mi dö dra dra
de nam dug dhang dräl schog

Alle Wesen gleich welcher Art
möchten gleichermaßen vom Leid getrennt sein.
Mögen sie alle vom Leid befreit werden.

sem de lü chän khang yin
de wa dö pa dra dra
de nam de dhang dän schog

Alle Wesen gleich welcher Art
möchten gleichermaßen Glück erfahren.
Mögen sie alle mit Glück gesegnet sein.

dra ngän bhar me kyä par
lo ngän sum gyi ma dsche
kün la, dscham sem pel dhang

85

Die Unterscheidung von Feind, Freund oder Neutralem
basiert auf den drei Verblendungen des Geistes,
die wir aufgeben sollten,
um stattdessen zum Wohle aller Wesen Liebe und
Mitgefühl in unseren Herzen zu kultivieren.

sa tschen yang pä kye dro
phän thsün dschag dang pang na
shi de schug gyi thob yong

Alle Wesen auf dieser großen Erde:
Wenn wir zerstörerisches Anhaften und den Hass überwinden,
wird der Glück bringende Friede am Ende siegen.

Einer der großen verstorbenen Meister, Dilgho Khentse Rinpoche, soll einmal gesagt haben, dass es kein kraftvolleres Mantra gäbe als dieses Sechs-Silben-Mantra von Chenresi. Seine
Heiligkeit der Dalai Lama erklärt dieses so wichtige Mantra der
Tibeter wie folgt: Die Silbe OM symbolisiert den unreinen Körper, die unreine Sprache und den unreinen Geist der gewöhnlichen Wesen sowie den vollständig gereinigten Körper, die vollständig gereinigte Sprache und den vollständig gereinigten Geist
der erleuchteten Wesen. Diese Mantra-Silbe drückt in uns den
Wunsch oder, noch deutlicher formuliert, die Absicht aus, unseren unreinen Körper, unsere unreine Sprache und unseren
unreinen Geist in den Körper, die Sprache und den Geist der
erleuchteten Wesen zu transformieren. MANI heißt »kostbar«
oder das Juwel und symbolisiert die Methode (Mitgefühl);
PADME bedeutet wörtlich »der Lotos« und symbolisiert die

Weisheit (das Erkennen der Leerheit). HUM steht für die Untrennbarkeit von Methode und Weisheit sowie das Zusammenbringen dieser beiden Faktoren in unserem Geist.

Dieses Mantra ist Bodhisattva Avalokiteshvara (Chenresi) gewidmet und verkörpert das Mitgefühl sämtlicher Buddhas. Bodhisattvas sind in unserer Kultur nach höchster Weisheit strebende Wesen, die auf dem Wege der »Tugendvollkommenheit« die »Buddhaschaft« anstreben beziehungsweise in sich selbst realisieren, um sie zum Heil aller lebenden Wesen einzusetzen.

Kern der Bodhisattva-Philosophie ist der Gedanke, nicht nur selbst und allein für sich Erleuchtung zu erlangen und damit in das Nirwana einzugehen, sondern stattdessen zuvor allen anderen Wesenheiten zu helfen, sich ebenfalls aus dem endlosen Kreislauf des Samsara – der Wiedergeburt – zu befreien. Den meisten von uns ist klar, dass sie nie zu einem echten Bodhisattva heranreifen, dazu sind die Verlockungen des Lebens einfach zu groß. Und wer – außer einem schon weit erleuchteten Wesen – verzichtet aus freien Stücken darauf, in die höchste aller Ebenen zu gelangen, bevor nicht alle Lebewesen das Leid abstreifen können?

Doch das OM MANI PEME HUM bietet Trost und Hilfe auf diesem langen Weg. Meine Mola erzählte mir, dass es in Tibet Menschen gegeben habe, die anhand dieses Mantras eine so hohe Verwirklichung erlangt haben, dass auf der Oberfläche von einem ihrer Stockzähne die Heilsilbe A entstand. Allerdings musste man für so einen Zahn, den man »Dung so« nannte, das Mantra 100 Millionen Mal sprechen. Andere erzählen auch, dass nach dieser unendlichen Anzahl Mantras bei den alten Praktizierenden plötzlich ein »Dung so«, also ein neuer Stockzahn, gewachsen sei. Das könnte ich nicht glauben, wenn sie nicht gesagt hätte, dass sie es selbst gesehen habe. Meine Großmutter betete es jeden Tag unendlich oft, selbst während sie mich begrüßte oder verabschiedend in die Arme nahm. Ich kann mich kaum erinnern, ihr ohne dieses tröstende Murmeln begegnet zu sein, sie muss diese wunderbaren Worte des tiefen Mitgefühls wohl an die Hunderttausende Male über ihre Lippen gebracht haben.

Das Hören dieses Mantras führt uns direkt an unsere ureigene Quelle des Mitgefühls und lässt in uns unmittelbar den Wunsch reifen, dass sämtliche Wesen von Leid befreit und mit Glück gesegnet sein mögen. Als Buddha einmal gefragt wurde, warum er lehren würde, antwortete er: »Ich lehre, weil alle Wesen Glück erleben und Leid vermeiden wollen.«

In den »Vier Edlen Wahrheiten« beschrieb der Erwachte die verschiedenen Formen von Leid und wie es gelingt, diesem Leiden ein Ende zu bereiten. Außerdem gab er Ratschläge für das Alltagsleben, mit denen man sich aus begrenzten, leidvollen Zuständen befreien kann. Nachstehend seine Vorschläge, die bis heute nichts von ihrer Gültigkeit verloren haben:

- *Sichtweise:* Verstehe Ursache und Wirkung und erkenne, dass du nicht dem Schicksal ausgeliefert bist, sondern Verantwortung für dein Leben hast.

- *Meditation:* Durch Meditation gewinnst du mehr Abstand, sodass du wählen kannst und nicht in jedes »Fettnäpfchen« trittst. So baust du Verwirrung und störende Emotionen ab.

- *Verhalten:* Vermeide Leid bringendes Verhalten und übe Glück bringendes Verhalten in jeder Situation des Alltags.

Die wörtliche Übersetzung von OM MANI PEME HUM bedeutet »Oh du kostbares Kleinod in der Lotosblüte«. Genau wie der Lotos, der trotz seines Daseins im schmutzigen Wasser immer eine tief berührende Schönheit ausstrahlt, wird auch unsere Buddha-Natur immer rein und klar sein, egal von welchen negativen Emotionen sie gegenwärtig belastet wird. Die Buddhisten gehen davon aus, dass alle Lebewesen ohne Ausnahme die unzerstörbare, reine Buddha-Natur in sich tragen.

Diese sechs Silben haben darüber hinaus die Kraft, die sechs Vollkommenheiten unseres Geistes wie Großzügigkeit, Ethik, Geduld, Fleiß, Konzentration und Weisheit zur Reife zu bringen. Jede der sechs Silben steht für einen der sechs Daseinsbereiche, in denen ein Lebewesen wiedergeboren werden und aus denen der Bodhisattva Avalokiteshvara (Chenresi) die Gläubigen befreien kann. Viele Tibeter sprechen dieses Mantra mehrmals am Tag, einige zu jeder der 108 Perlen ihrer Mala. Ich selbst spreche es auch regelmäßig und habe es meinen beiden Töchtern schon recht früh beigebracht. Die Worte dieses Mantras sind einfach zu behalten und entfalten einen feinen Rhythmus, wenn man sie wieder und wieder spricht. Mit ihnen kann man sich zutiefst in sich versenken und den Kopf freimachen von allem, was ihn belastet.

Tibetisch-buddhistische Meditation

Viele Menschen tun sich sehr schwer damit, das ständige Gedankenkreisen in ihrem Kopf aufzugeben und wirklich »still« zu sein. Unablässig »denkt es« in ihnen, und die Ruhe will und will sich nicht einstellen. Deshalb gehe ich an dieser Stelle auf die Wichtigkeit der Meditation ein. In seinem Praxisbuch über die tibetische Meditation schreibt Dagsay Rinpoche, dass alle Lebewesen, vom Menschen bis zum kleinsten Insekt, zweifellos etwas gemeinsam haben: Alle streben nach Glück und Wohlergehen, niemand leidet freiwillig oder sucht bewusst das Leid. Selbst eine kleine Ameise hetzt von einem Ort zum anderen und ist auf der Suche nach einer Art von Befriedigung, einer Art von Wohlergehen. In ähnlicher Weise sind wir Menschen das ganze Leben lang unterwegs auf der Suche nach Glück. Dagsay Rinpoche hat dazu eine sehr einfache Rechnung aufgestellt: Wenn uns ein langes Leben von beispielsweise achtzig Jahren vergönnt ist und wenn wir zehn Lebensjahre für die Kindheit und dreißig Jahre für den Lebensabend davon abziehen, bleiben vierzig Jahre übrig, von denen wir die Hälfte buchstäblich »verschlafen«. Als effektiv bewusst zu lebende Lebenszeit stehen uns nach diesen Überlegungen lediglich zwanzig Jahre zur Verfügung. Was Dagsay Rinpoche damit vermitteln möchte: Jede Minute, die wir mit sinnlosen Gedanken und Geschwätz verbringen, geht von dieser kostbaren Zeit ab, ist im Grunde schlicht verschleuderte Lebensqualität. Jedes Mal, wenn ich an diese Worte denke, bestärkt es mich noch mehr, dass jeder Atemzug es verdient, geschätzt zu werden, da er den Körper, in dem wir uns momentan befinden, am Leben erhält.

Kein Meister fällt vom Himmel, und so ist es auch bei der Meditation. Das tibetische Wort für Meditation lautet GOM, was nichts anderes bedeutet als das Gewöhnen des Geistes an ein Objekt.

Im tibetischen Buddhismus gibt es zwei Methoden der Meditation. Die eine basiert auf den Sutras, womit Buddhas direkte mündliche Unterweisungen bezeichnet werden, und die andere auf den Tantras, worunter Offenbarungstexte zu verstehen sind. Für beide Methoden wird die Anleitung und Begleitung eines Lehrers empfohlen. Die sutrische Methode kann von jedem praktiziert werden, während für die tantrische Meditation bestimmte Voraussetzungen und präzise Vorbereitungen vorgeschrieben sind; Letztere ist in erster Linie für sehr erfahrene und höchst ambitionierte Praktiker des Tantrayana (Fahrzeug der Tantra-Texte) vorgesehen. Obwohl die Praxis beider Methoden sehr unterschiedlich ist, ist das Ziel beider Methoden von der gleichen Motivation geprägt: Es geht darum, unseren Geist wirksam zu schulen, und um das Erkennen der letztendlichen Natur der Wirklichkeit, was im Buddhismus »Shunyata« – die Leerheit – genannt wird.

Wunderschön illustriert wird diese Zielsetzung auch durch die Worte des indischen Heiligen Tilopa, der zu seinem Schüler Naropa sagte: »Sohn, es sind nicht die bloßen Erscheinungen, die dich fesseln, sondern die Anhaftung und das Sehnen nach ihnen.« Anders formuliert: Was die anziehenden und verführerischen weltlichen Dinge zu einer negativen Erfahrung macht, sind nicht sie selbst, sondern unser Geist, der aus einer starken Verblendung oder Unwissenheit in diesen Dingen eine feste unveränderbare Wirklichkeit sieht und deshalb für sich begehrt. Das ist der Moment, in dem unsere Emotionen sich zu einer schädigenden Geistesaktivität entwickeln und für uns persönlich wie auch in unserer Umgebung sehr viele Probleme kreieren können.

Buddha selbst wie auch viele der großen verwirklichten Meister vergangener Zeiten haben die folgenden beiden Methoden praktiziert, um die Einsicht in die wahre Natur der Wirklichkeit – die Leerheit – zu gewinnen und um letztendlich die Buddhaschaft zu erlangen. Buddha hat erklärt, dass beide Methoden nötig sind und sich gegenseitig bedingen, um das perfekte Resultat zu erzielen: die »Meditation des ruhigen Verweilens« (auf Tibetisch »Shi nä« – auf Sanskrit »Shamata«) und die »analytische Meditation« (auf Tibetisch »Lhag thong« – auf Sanskrit »Vipassana«). Lhag thong bedeutet wörtlich auf Tibetisch übersetzt »darüber hinaussehen«.

Selbst wenn das Ziel der Erleuchtung für uns gewöhnliche Menschen nahezu unerreichbar scheint, so haben Meditationen doch eine unmittelbare Wirkung, die uns im weltlichen Leben sehr dienlich ist. Durch die »Shi nä«-Meditation erlangen wir einen Zustand der vollkommenen Entspanntheit des Geistes, einem großen, ruhigen, ungetrübten blauen See gleich. Durch die enorme Konzentrationsfähigkeit und Geistesruhe, die dank der Praxis von »Shi nä« erlangt wird, sind wir in der Lage, mit der »Lhag thong«-Meditation über die Begrenztheit unseres Denkens hinauszugehen und uns selbst, unseren Geist und alle Phänomene bis ins Genaueste und aus allen Blickwinkeln zu beleuchten und zu untersuchen.

Der in Tibet hochverehrte Asket und Dichter Milarepa (1040– 1123), der zudem ein tantrischer Meister und einer der größten Yogis war, hat folgendes Sprichwort hinterlassen:

»Shi nä kyi zing la ma shen par, lhag thong gi metog trhungpar shog«, was auf Deutsch bedeutet: »Möge ich nicht an dem Wohlgefühl des ›Shamata‹, der wie ein großer See vor mir steht, haften und stecken bleiben, sondern möge daraus die Blume des ›Vipassana‹ geboren werden.«

Erst in völliger Ruhe und Ausgeglichenheit sind wir in der Lage, uns von unseren Sorgen und Kümmernissen so weit zu befreien, dass wir sie ohne Emotionen betrachten können und dadurch viel leichter Zugang zu unserer inneren Gewahrsamkeit gewinnen, um diese Probleme zu beseitigen. Der Zustand des »Shi nä« wird als ein äußerst angenehmer Zustand eines vollkommen friedvollen Geistes beschrieben, weil sämtliche negative Regungen im Geiste heruntergefahren werden und Klarheit und Konzentrationsfähigkeit an die Oberfläche gelangen.

Man beginnt in der Regel damit, die Aufmerksamkeit auf die Körperhaltung und den Atem zu lenken. Ist ein Zustand der inneren Stille erreicht, versucht man mittels bestimmter Übungen, die im Buch sehr schön beschrieben sind, die volle Achtsamkeit auf den Atem zu richten und diese über eine gewisse Zeitspanne aufrechtzuhalten, bis Atem und Geist untrennbar werden. Dann holt man sich ein Meditationsobjekt vor Augen, das heilsame Eindrücke in unserem Geist hervorbringt; durch diese geistige Visualisierung wird man unempfänglich für die störenden Emotionen, die alten Denkmuster und hat nicht länger das Gefühl, diesen folgen zu müssen. Stattdessen begegnet man einem stabilisierten Geist – und das ist der eigene!

Mein Vater hat mich und meine Schwestern schon im Kindesalter dazu angehalten, mit ihm zusammen diese Meditationen auszuüben. Am Anfang war ich unsagbar froh, wenn schließlich nach für mich unendlichen Ewigkeiten des Stillsitzens seine kleine Gebetszimbel erklang, um das Ende der Meditation anzukünden. Denn sobald ich ruhig sitzen musste, fing alles in meinem kleinen Körper zu kribbeln an, von den hin und her hüpfenden Gedanken ganz zu schweigen. Mittlerweile genieße ich die Meditation am Morgen im Anschluss an mein tägliches Gebet zum Wohlergehen aller Wesen. Es ist für mich eine innere Notwendigkeit, mir diese Zeit für mich zu nehmen und den Tag mit einer guten Innenschau zu beginnen. Es hilft mir, mit einem klaren Geist jeden Tag aufs Neue die wesentlichen von den unwesentlichen Dingen im Leben zu unterscheiden und mich vor unachtsamen Handlungen zu bewahren.

Es tut gut, aufrecht dazusitzen, den Scheitelpunkt zum Himmel zeigend, den Kopf leicht geneigt, den Blick der Nase entlang, nicht fixierend auf den Boden zu blicken und den Geist mit dem sanften, langsamen Atemzug zu begleiten. Unseren Geist mit geschickten Mitteln zu zähmen, ihn sozusagen auf unserem Atem reiten zu lassen, damit er das tut, was wir wollen, und nicht umgekehrt.

Die Tibeter betrachten den Geist als ein wildes Pferd in freier Wildbahn, das seine Freiheit über alles liebt, sehr schwierig einzufangen und kaum zu zähmen ist. Aber selbst das wildeste Pferd kann von einem erfahrenen Zureiter mit viel Geschick und Erfahrung besänftigt und gezähmt werden. Dieses Gleichnis ist eins zu eins auf unseren Geist übertragbar: Durch unsere Ruhe, Gelassenheit und Achtsamkeit in seine Schranken verwiesen, wird er auf unserem Pfad zur inneren Verwirklichung eine große Hilfe und kein Hindernis.

Mein Vater Dagsay Rinpoche erklärt in seinem Buch, dass die »Shi nä«-Meditation, auch konzentrative Meditation genannt, eine grundsätzliche und übergeordnete Übung ist und deshalb unabhängig von jeglicher Religionszugehörigkeit von allen erlernt und in den Alltag integriert werden kann. Das Schaffen eines solchen Raumes der inneren Stille bewirkt, dass auch alle unsere Handlungen aus dieser positiven Kraft heraus erfolgen werden.

Man nutzt hier die menschliche Fähigkeit der analytischen Denkweise, um beispielsweise die im tibetischen Buddhismus seit Jahrtausenden beschriebenen Meditationen auszuführen, wie etwa die Meditation über

- die Leerheit der Phänomene

- die Vergänglichkeit

- die menschliche Kostbarkeit des Lebens

- Liebe und Mitgefühl

- Geduld und Toleranz

- die gegenseitige Abhängigkeit aller Phänomene

Um den letztendlichen Zustand der Erleuchtung zu erlangen, lehrte der Buddha die bereits ausführlich vorgestellten sechs Paramitas, die sogenannten sechs Vollkommenheiten des Geistes: von Geben, Ethik, Geduld, Fleiß, Konzentration und Weisheit. Die ersten fünf Paramitas werden »Methoden« genannt. Das Erkennen, dass sämtliche Dinge einschließlich wir selbst leer in Bezug auf eine Eigenexistenz sind, wird als die Leerheit bezeichnet. Auf Sanskrit nennt man diese Erkenntnis »Shunyata« und auf Tibetisch »Tongpa Nyid«. Diese Erkenntnis ist das, was im Buddhismus als die »Weisheit« bezeichnet wird. Wenn Weisheit und das Mitgefühl oder Bodhicitta in einem Herzen vereint sind, sind das wie die beiden Flügel eines Vogels; dann erlangt dieser Mensch die Buddhaschaft.

HEART SUTRA

Das Mantra

TAYATHA GATE GATE PARA GATE
PARASAM GATE BODHI SOHA

Gehe, gehe; gehe vollständig, gehe jenseits des Höchsten,
jenseits der höchsten Erkenntnis.

Das tibetische Gebet

rang schin öh sel kye gag nä sum dräl
nam khä ngo wo sche dscha yong la kyhab
dü sum kyel kün kye pä ma dschig bhu
yum chen sche rab phar dschin la dschag tshäl

Leuchtend strahlend öffnet sich der Raum vor mir,
der frei ist von Entstehen, frei ist von Vergehen
und frei ist vom Verweilen.
Aus diesem Raum, der Leerheit der Phänomene,
sind die Buddhas der drei Zeiten geboren.
Ich verneige mich vor dem Prajna Paramita,
der Mutter der Vollkommenheit der Weisheit.

sung di dschö dhang thö dhang sung wä thü
nä lug tog pä sche rab öd nang ghi
thar dsing tog pä mün pa kün säl nä
trö dräl dschö gü gho phang thop par schog

Möge, wer dieses Mantra rezitiert, hört und im Geiste bewahrt,
durch die Strahlen der Weisheit die Erkenntnis der
letztendlichen Wirklichkeit erlangen.
Möge diese Erkenntnis dazu führen, dass der gegenwärtige
dunkle Zustand des Geistes erhellt wird,
mir hilft, über das begriffliche Denken hinauszugehen
und den Zustand des Dharmakaya zu erlangen.

Das Herz-Sutra-Mantra gehört für mich zu den wichtigsten
und wirkungsvollsten Heilsilben, denn gerade in unserer Gesellschaft sind die von einem zu großen Ego verursachten Leiden besonders gravierend und bedürfen aller Zuwendung, um
sie zu lindern. Das mächtige Ego will alles, es will es unbedingt,
und zwar sofort, und das, was es will, wonach es verlangt, ver-
teidigt es mit aller Macht – koste es, was es wolle. Wenn wir
aber einmal genau hinschauen, was das Ego eigentlich ist, dann
sagt der Buddhismus, dass der Mensch aus den fünf »Skandhas« besteht, und diese fünf Skandhas bilden die ganze Vielfalt
der Aspekte, die eine Person ausmachen. Da wir an eine wirkli-
che Einheit der Persönlichkeit glauben, legt uns dies auf ein bestimmtes Bild von uns selbst fest. Daraus entstehen Störungen,
die uns ein Ego vortäuschen, das gar nicht vorhanden ist.

Diese fünf Skandhas sind:

1. **Form** = materieller Körper, der mit den Sinnesorganen alle
   Dinge wahrnimmt und sich ständig verändert – vom Säug-
   ling bis zum Greis.

2. **Gefühl** = Befindlichkeiten, wozu wir angenehme, unangenehme und neutrale zählen, und Gefühle kommen und gehen. Sie beziehen sich entweder auf den Körper oder auf
den Geist. Vor allem die geistigen Gefühle, die zum Beispiel
in der Meditation erfahren werden, kann man in unendlich
viele weitere Facetten aufgliedern. Furchtlosigkeit, Freude
und Mitgefühl werden als absolute Gefühle bezeichnet, da
sie der Natur des Geistes entsprechen. Alle anderen Gefühle
sind relativ, da sie jeweils aus aktuellen Bedingungen heraus
entstehen.

3. **Wahrnehmung** = Sinne, um unterscheiden zu können zwischen richtig oder falsch, gut oder böse, was sich je nach
Lebenssituation verändert.

4. **Gedanken** = das begriffliche Denken und seine Wertungen,
das stets im Fluss bleibt, weil man neue Erfahrungen macht
und stets dazulernt.

5. **Bewusstsein**, das sich in klare und unbewusste Momente
unterteilen lässt.

Befreiung von Leid wird erlangt, wenn wir die Dinge so sehen,
wie sie wirklich sind. Form ist Leerheit, und Leerheit ist Form.
Genauso verhält es sich mit Gefühl, Wahrnehmung, Gedanken
und Bewusstsein. Es handelt sich hier um die höchste Form der
Weisheit des Prajna Paramita (Vollkommenheit der Weisheit),
und dieses Herz-Sutra-Mantra gilt als »König der Mantras«,
weil es einen besonderen Segen trägt, dessen Kraft uns hilft, die
Leerheit der Phänomene zu verstehen.

Wir alle kennen Abhängigkeiten in irgendeiner Form, und gewisse Abhängigkeiten sind eine Weile sogar sinnvoll: Bis ein Kind fähig ist, eigenständig und verantwortungsbewusst im Leben zu stehen, ist es auf die Fürsorge und Betreuung der Eltern angewiesen; wenn wir etwas lernen wollen, benötigen wir engagierte Lehrer, die ihr Wissen mit uns teilen und uns helfen, unsere Talente zur Entfaltung zu bringen; im Alter, wenn wir gebrechlich werden und uns allmählich auf den Abschied vorbereiten, sind wir auf Hilfe von wohlwollenden Menschen angewiesen, die uns bei alltäglichen Verrichtungen zur Seite stehen. Doch in diesem Mantra geht es nicht um die wertvolle menschliche Unterstützung eines anderen, die geprägt ist von Achtsamkeit und Respekt; es geht um die Abhängigkeiten, die Schaden anrichten.

Die zwölf Glieder
des abhängigen Entstehens

In unserer Kultur sprechen wie von den »zwölf Gliedern des abhängigen Entstehens«, um den Zusammenhang von Ursache und Wirkung zu verdeutlichen. Buddha erkannte, dass alle Dinge nur aufgrund von Ursachen existieren, nichts existiert aus sich selbst heraus. Auch Leiden beruht in all seinen Formen auf entsprechenden Ursachen, dem Karma jedes Einzelnen. Karma entsteht aufgrund von Unwissenheit.

In der sogenannten »zwölffachen Kette des abhängigen Entstehens« wird das Prinzip von Ursache und Wirkung erklärt, meist unterstützt von einem aussagekräftigen Bild im äußeren Kreis des Lebensrades, um zu unterstreichen, wie lebensnah diese Lehre ist.

Alles beginnt mit dem Verursacher der gesamten Kette von Ursache und Wirkung – der Unwissenheit (1). Durch Unwissenheit entsteht Karma (2), und aus Karma entstehen das Bewusstsein und die Gier nach Dasein (3). Sobald die Gier existiert, bringt diese den Körper und Geist (4) hervor. Dadurch entstehen die sechs Sinne Sehen, Hören, Riechen, Schmecken, Tasten und Denken (5). Diese Sinne erwecken Sinneskontakte (6), die wiederum Gefühle (7) erzeugen. Die Gefühle wecken Begierden (8). Diese verursachen das Anhaften (9) und Festhalten an angenehmen, aber auch das Ablehnen von unangenehmen Dingen. Das Anhaften setzt das Werden (10) in Gang. Dadurch entsteht die Geburt (11), und diese ist wiederum Ausgangspunkt für Alter und Tod (12).

Diese Aufstellung verdeutlicht, dass am Anfang der Kette die Unwissenheit als Ursache von allem Leiden steht und deshalb Buddhas Lehre darauf ausgerichtet ist, den Wesen dabei zu helfen, den Schleier der Unwissenheit abzulegen. Sie hilft uns, das eigene Bewusstsein zu erforschen und Dinge zu verändern. So sind wir in der Lage, jene Probleme in den Griff zu bekommen, die durch allzu fest gefügte Lebensmuster entstehen, und wir können das Prinzip der Leerheit besser verstehen.

Wenn es uns gelingt, uns selbst nicht so furchtbar wichtig zu nehmen, unsere Wünsche nicht als das Zentrum des Universums zu betrachten und die Erfüllung unserer Bedürfnisse nicht als oberstes Ziel, dann löst sich eine Menge von dem selbst auferlegten Druck, und wir bekommen eine Ahnung davon, was im Buddhismus die Philosophie der Leerheit bedeutet.

Ich beziehe mich hierbei auf meinen Vater, der die wichtigen Schriften der großen Gelehrten intensiv studierte und mich mit den Gedanken von Nagarjuna (ca. 2. Jahrhundert) bekannt machte, der einer der einflussreichen buddhistischen Denker war. Er legte den Grundstein für die »Schule des Mittleren Weges« und hinterließ zahlreiche philosophische Werke, die sich vor allem der Verbreitung der ursprünglichen Lehre Buddhas widmeten. Seine Lebensaufgabe bestand darin, Buddhas Worte so getreu wie möglich zu erfassen, sie zu systematisieren und zu erläutern.

In seinen vielen Kommentaren legte er sehr genau dar, dass der materiellen Welt eine Wirklichkeit fehlt und die Lebewesen keine wirklich existierende Persönlichkeit besitzen. Jedes Ding, so seine Lehre, erfährt nur durch das Vorhandensein seines Gegenteils eine Wirklichkeit, wie zum Beispiel hell und dunkel, schön und hässlich, hoch und tief – die Reihe ließe sich beliebig fortsetzen. Die detaillierte Ausarbeitung des Leerheitsbegriffs sowie die Weiterentwicklung der Lehre von den »Zwei Ebenen der Wirklichkeit« – die konventionelle Wirklichkeit sowie die absolute Wirklichkeit – zählen zu seinen wichtigsten Beiträgen. Die konventionelle Wirklichkeit bedeutet, dass uns aufgrund der Verblendungen unseres Geistes sämtliche Dinge und Personen in gewöhnlicher Weise als etwas Inhärentes, aus von sich aus Bestehendes erscheinen und dadurch eben leidhaftes Karma angesammelt wird. Die absolute Wirklichkeit bedeutet, die Dinge auf der Ebene der Leerheit wahrzunehmen, um den konventionellen Zustand zu durchbrechen und die Erleuchtung zu erlangen.

An dieser Stelle möchte ich mit einem Vorurteil aufräumen: Wenn die Mahayana-Anhänger von »Leerheit« sprechen, bedeutet das nicht, dass sie glauben, dass gar nichts mehr existiert. Das wäre ja sehr traurig. Es geht auch nicht darum, sich von allem Schönen zu verabschieden, ganz im Gegenteil: Wir

Tibeter sind keine Kostverächter, ich liebe schöne Kleider, meine Schwester schwört auf schöne Taschen. Sobald wir uns etwas ganz fest wünschen, das kann ein schönes Kleid, eine wunderbare Tasche sein, oder wir haben vielleicht einen fantastischen Job in Aussicht, geraten viele von uns in große Aufregung und setzen ihre ganze Energie dafür ein, das Begehrte zu bekommen. Wir können dieses Gefühl des Träumens und Wünschens durchaus genießen.

Die Herausforderung besteht jedoch darin, nüchtern und ruhig zu bleiben, wenn sich die Träume und Wünsche nicht erfüllen. Statt darüber frustriert zu sein, hilft es hier, die Meditation der Vergänglichkeit, auf Tibetisch »Mitagpa«, zu praktizieren, denn alle Phänomene, einschließlich wir selbst, sind dem Wandel der Vergänglichkeit unterstellt. Es gibt bei uns eine tiefsinnige Weisheit, die sagt: Wenn es uns gelingt, die Dinge ohne Anhaftung oder Abneigung an uns vorbeiziehen zu lassen, dann bleibt unser Geist immer frisch.

Mehr als jede Meditation helfen mir in solchen Momenten die Worte meiner Mola, die uns zu mehr »Dö Tschung, Tschog sche« ermahnte, was so viel bedeutet wie das Kultivieren von »Genügsamkeit und Zufriedenheit«. Diese beiden Worte wirken bei mir wie eine Zauberformel, und mit einem Schlag ist mein Seelenfrieden wiederhergestellt. Ist das nicht wunderbar?

Die tibetischen Lamas sagen ihren Schülern, dass wir Menschen wie kleine Kinder sind: Ständig bauen wir hohe Türme mit Bauklötzen und sind ganz stolz darauf, bis eine kleine Bewegung den Turm zum Einstürzen bringt. Wir reagieren frustriert und wütend, begreifen die Welt nicht mehr. Wir wollen nicht erkennen, dass es kein dauerhaftes Glück im Außen gibt, und greifen trotz aller gegenteiliger Erfahrungen ständig nach äußeren Ursachen, die uns Glück verschaffen sollen.

In unserer so modernen, auf immer schnelleres Tempo ausgerichteten Gesellschaft von »Entsagung« oder »Verzicht« zu sprechen passt nicht ins Bild der »Alles ist machbar«-Haltung und stößt auf Unverständnis. Wer sich nicht einfügt in das Streben nach Karriere, Macht und Konsum, wird belächelt und im schlimmsten Fall gar ausgestoßen. Angesichts dessen, dass sich vieles auf der Welt um Konsum und Ruhm dreht, ist das nur zu verständlich. Und dennoch: Die Sehnsucht nach echter Freiheit zeigt sich immer wieder, und deshalb leuchtet es selbst den leidenschaftlichsten Konsumfetischisten ein, dass letztendliche Freiheit des Geistes nur erlangt wird, wenn wir erkennen, dass der Weg aus dem Samsara allein durch eine einzige Tür führt. Und diese Tür heißt Leerheit, die letztendliche Natur aller Phänomene.

Als mein Vater das erste Mal von dieser Leerheitsphilosophie erzählte, konnte ich nicht viel damit anfangen. Ich war aber auch noch recht jung, und wenn man jung ist, will man einfach noch nicht an solche Dinge denken. Immer wieder wunderte ich mich, wie es wohl sein musste, in eine christliche Familie hineingeboren zu werden, wo nicht von Leerheit und den vielen Wiedergeburten die Rede ist. Beinahe beneidete ich meine Schweizer Freundinnen ein wenig, weil sie es in meinen Augen wesentlich einfacher hatten. Sie mussten nicht so viele gute Taten schon in jungen Jahren vollbringen, um ein gutes Karma im nächsten Leben zu erreichen. In der Schule erzählten mir meine Mitschüler, dass man im Christentum nicht an die Wiedergeburt glaubt. Die Aussicht, als irgendein Tier wieder auf die Welt zu kommen, fanden sie schon sehr seltsam; ich wurde aber niemals wegen meines Glaubens geplagt oder ausgelacht. Und doch respektierten sie meine Haltung, dass man Fliegen nicht einfach tötet, und niemand wagte es, in meiner Gegenwart einem Insekt etwas zuleide zu tun. Vielleicht war ihnen der Gedanke doch ein bisschen unbehaglich, im nächsten Leben zur Strafe als Fliege wiederzukehren.

Und doch veränderte dieses Wissen um den großen Lauf der Dinge sehr viel in mir, und ich realisierte langsam, dass ich immer mehr und mehr verstand, wovon mein Vater sprach und worauf es ankommt. Das Besitzenwollen von Dingen und Personen nennt man bei uns »Anhaften«, und das gipfelt in einem festgefahrenen Ego-Gefühl und einer starken Ichbezogenheit. Mein Vater erklärte uns immer wieder, dass diese Form von Anhaften an sich selbst und an Dingen wie ein großer Stein sei, mit dem man einem Vogel die Beine zusammenbindet. Der Vogel wird unmöglich fliegen können und immer gefangen sein. Das Gegenstück von Anhaftung ist Nichtanhaftung oder, anders ausgedrückt, Entsagung und bewusster Verzicht.

Weil wir Buddhisten daran glauben, dass unser Bewusstsein anfangslos ist, stellen wir uns vor, wie oft, Abertausende, ja Millionen Male, wir schon eine Wiedergeburt durchlebt haben und wie mit jeder neuen Inkarnation die Geschichte wieder vorne begonnen hat. Geburt, Krankheit, Alter, Tod – immer wiederkehrend aufgrund unserer vollbrachten Handlungen entweder in einem der drei positiven oder in einem der drei negativen Bereiche des Samsara. Kaum sind wir geboren, geht es im rasenden Tempo durch Krankheit, Alter und Tod. Auch in diesem Leben wissen wir alle, dass uns keiner garantieren kann, dass wir den kommenden Morgen, die nächsten Tage und Wochen noch erleben werden; aber wir sind zu Weltmeistern im Ignorieren dieser Tatsache geworden.

Wir werden erst dann ein wenig hellhörig, wenn diese Selbstverständlichkeit plötzlich aus den Fugen gerät und wir auf einmal in eine persönliche Lebenskrise geraten. Die Auslöser sind meist völlig verschieden: Sei es eine ernsthafte Krankheit, der schlagartig und wie aus heiterem Himmel auftretende Tod eines Familienmitgliedes, oder der Partner/die Partnerin verlässt einen, aber auch finanzielle Probleme können einen Familienvater in enorme Existenzängste stürzen und zu schweren Depressionen führen. Und auf einmal beginnen wir, den bis anhin so sicher empfundenen Sinn des Lebens zu hinterfragen, und stellen fest, dass wir uns rat- und hilflos fühlen. Was unser bisheriger Anker, unser Halt im Leben sein sollte, verlässt uns ohne Vorwarnung, und wir fühlen uns schrecklich leer. Es fällt uns schwer zu akzeptieren, dass alle Dinge der Vergänglichkeit unterworfen sind. Dass alles, was entsteht, auch wieder vergehen muss. Wir wollen nicht wahrhaben, dass Leiden in unserem Dasein im Grunde allgegenwärtig ist und dass alle Phänomene keine eigenständige Existenz haben, das heißt ohne Selbst sind. Viel lieber halten wir an der Idee eines unveränderbaren Ichs fest und nehmen in Kauf, dass wir dadurch das Wichtigste im Leben verpassen.

Schon ein ansatzweises Verstehen hilft uns folglich, uns ganz auf uns selbst zu besinnen, keine Gedanken an etwas im Außen zu verschwenden, alles in uns, was sich an Materiellem und Menschen festkrallt, beiseitezustellen und uns auf das Wesentliche, die übergeordnete Liebe und das Mitgefühl, zu konzentrieren. Sobald wir das erreicht haben, können wir klug und geschickt mit den Erscheinungen der Phänomene und den Personen in unserem Umfeld umgehen. Es bedeutet auch, sich selbst etwas aus dem Fokus zu nehmen und zu beobachten, dass wir ständig damit befasst sind, andere zu bewerten, sie einzuteilen in Freunde, Feinde, in jemanden, dem man vertraut, den man liebt, und in solche, die man ablehnt oder die einem einfach nur gleichgültig sind. Lassen wir diese Bewertungen, die in meinen Augen einer Verurteilung gleichkommen, konsequent sein, werden wir uns dem Leben viel entspannter zuwenden können.

Chöd – das Ego durchschneiden

Was im Westen häufig als Bedrohung empfunden wird – die Relativierung des Ichs –, gilt im Buddhismus als Befreiung. Versteht man, dass das Ego nur aus Aspekten besteht, die sich jederzeit verändern oder verflüchtigen können, ist man viel eher bereit, diese Ichbezogenheit aufzulösen und durch Liebe und Mitgefühl für andere zu ersetzen. Dann entpuppen sich diese vielen Facetten einer jeden Persönlichkeit plötzlich als riesiger Reichtum für einen selbst und für andere, ein Reichtum, den man frei gestalten kann. Und: Wenn man bereit ist, die eigene Veränderbarkeit zu akzeptieren und in die Realität umzusetzen, wird man toleranter gegenüber anderen.

Wir Tibeter haben ein besonderes Ritual namens »Chöd« – was auf Deutsch »durchschneiden« bedeutet. Dieses Ritual dient dazu, alles, woran das Ego so verzweifelt anhaftet, zu durchtrennen, es im wahrsten Sinne des Wortes durchzuschneiden. Dieses Ritual gilt uns als besonders wichtig: Es wird ausgeführt, indem man in tiefer Meditation sich selbst und seinen Körper den Dämonen darbietet. Zugleich bekennen wir uns in den entsprechenden Gebeten dazu, uns von allem zu trennen, was unser Ego viel zu wichtig nimmt – besonders uns selbst.

Mit diesem Ritual zerstören wir ganz bewusst unsere Ichbezogenheit. Wir verabschieden uns von dem, was wir unbedingt haben oder erreichen wollen und was uns wütend macht und leiden lässt, weil wir es nicht geschafft haben; wir zerschneiden den Hass, der uns voller quälender Sorgen jeden Tag das Leben vergällt, und wir trennen uns von der gekränkten Eitelkeit, weil wir nicht die Anerkennung von anderen erfahren, von der wir annehmen, dass sie uns absolut und am liebsten auf der Stelle zustehen würde. Und auf einmal zeigt sich eine Weisheit, die in jedem von uns steckt, die aber häufig vom starken Ego völlig zugedeckt ist. Ist man nämlich bereit, das Herz zu öffnen – wie es mit dem Herz-Sutra-Mantra geschieht –, erkennt man die Fülle, die in jedem Menschen steckt, und wird freudig bereit, sich ihm zuzuwenden.

In Tibet war und ist es Brauch, dass man Mönche oder Nonnen zu sich nach Hause einlädt, damit sie für das Wohl der Familie oder der Verstorbenen beten. Meine Amala hat die Chöd-Praxis, die an das Innerste jedes Menschen appelliert, nämlich indem diese Praxis den Tod und das Sterben zum Thema macht, schon als Kind in Tibet geliebt. Sie erzählte, sie hätte den Nonnen bei diesen Gesängen – jeweils begleitet von Trommeln und Glocken – stundenlang zugehört.

Von einer Tibetreise brachte sie eines Tages eine alte Chöd-Trommel mit nach Hause. Die Trommel war mit Hirschhaut bezogen, und an jeder Seite hing eine Schnur, an der die Trommelschlägel befestigt waren. Es war faszinierend zuzusehen, wie sie meine Mutter mit der Trommel und der Glocke begleitete, während sie eine wunderschöne Chöd-Melodie sang. Ich wollte es auch probieren und musste feststellen, dass es viel schwieriger war, als es aussah. Die Trommel in der rechten Hand und die Glocke in der linken gleichzeitig zu bewegen, sodass beide Instrumente einen angenehmen Klang erzeugen, gelang mir nicht. Es ist eine ganz eigene Technik notwendig, um diesen

107

Klang zu erzeugen, und das erfordert viel Geschick und Konzentration.

Obwohl der Chöd-Gesang sehr melodiös und musikalisch sein kann, steht vor allem die spirituelle Bedeutung im Vordergrund. Chöd-Praktizierende suchen nicht selten die furchterregende Atmosphäre eines Friedhofs auf, um im Geiste ihren Körper den Dämonen zu opfern und somit im Innersten frei zu werden von jeglicher Anhaftung an ihrem Körper. Chöd gehört zu den anspruchsvollen Ritualen und setzt voraus, dass man über eine fundierte Dharma-Praxis verfügt und den Pfad des Vajrayana folgt.

Die Begründerin dieser Praxis ist Machig Labdrön, die im 11. Jahrhundert in Lhoka im Südwesten Tibets geboren wurde. Schon als junges Mädchen war sie anders als alle anderen und entschied sich für den spirituellen Weg. Sie erhielt wichtige spirituelle Übertragungen vom indischen Meister Padampa Sangye und entwickelte daraus ihre spezielle Chöd-Praxis, die sich in ganz Tibet und sogar bis nach Indien verbreitete. So wurde sie bis über die Landesgrenzen hinaus als große Yogini berühmt, und ihre Chöd-Praxis wird heute als lebendiges buddhistisches Erbe betrachtet, das seine Gültigkeit bis in die heutige Zeit nicht verloren hat.

Wie weit eine universelle Verbindung gehen kann, zeigt folgende Begebenheit: Während der Aufnahmen zum Album JEWEL stellten der Produzent Helge van Dyk und ich fest, dass bei diesem Stück, diesem mir so wichtigen Herz-Sutra-Mantra, noch etwas fehlt. Eine Stimmung, ein Rhythmus, ein Ton – es war nicht einmal in Worte zu fassen, aber Sie kennen sicher das Gefühl, alles ist gut und richtig, und dennoch … Nun wollte es das Schicksal, dass ich just zu dieser Zeit nach Tibet reise, um meine Projekte für Jugendliche aufzusuchen, was ich regelmäßig tue. Unterwegs rief Helge mich an und meinte, wenn ich schon vor Ort sei, möge ich doch bitte Mönche suchen und sie die Melodie dieses Mantras singen lassen, das wäre optimal, um diesem Mantra das fehlende Etwas zu verleihen. In Gegenden, die oft nur über holprige Straßen mit einem Allradauto zu erreichen sind, Mönche suchen, ihnen sagen, singt doch bitte dieses Stück in H-Moll, Tempo 75, uns fehlen 16 Takte …

Helge van Dyk muss noch immer schmunzeln, wenn er sich daran erinnert: »Als Dechen zurückkam, gab sie mir einen Stick, auf dem sie tatsächlich die von Mönchen gesungene Melodie mitgebracht hatte. Ich hörte mir das File an und dachte ›Wow‹, das ist genau das, was uns fehlte, genial, passt, die haben genau das gemacht, was ich mir vorgestellt hatte.« Und nun erzähle ich, was vor Ort tatsächlich passiert ist.

In der Region Tehor in Osttibet, die ich damals wegen meiner Nähschule für tibetische Jugendliche besuchte, trafen wir auf eine Gruppe Mönche vom Kloster Chokri. Ich bat sie höflich und sehr scheu, ob sie wohl das Herz-Sutra-Mantra für mich singen würden, und schon stimmten sie zusammen an. Es gelang meinem Mann gerade noch, das Aufnahmegerät einzuschalten. Das Unglaubliche: Die Pausen zwischen den einzelnen Takten, die sie machten, entsprachen genau unserem Rhythmus, sie sangen es drei Mal, dann verabschiedeten wir uns wieder. Von H-Moll, Tempo 75 und 16 Takten war nie die Rede … wir hatten nicht eine Sekunde Zeit dafür, denn der Gesang begann augenblicklich und hüllte uns alle ein. Es war wirklich genau das, was uns fehlte, in diesem kostbaren Moment fühlten wir das sehr genau.

Je nach Bewusstseinszustand, so erklärte mein Vater bei einem Treffen mit Helge dieses Phänomen, geht man in einen anderen Raum, und dort trifft man sich sozusagen unabhängig von Zeit und Ort. Diese Begegnung musste einfach stattfinden, so etwas entzieht sich dem intellektuellen Planen, das entsteht, das geschieht, das ist das Mysterium.

Es ist nicht sehr wahrscheinlich, diese Gruppe von Mönchen wiederzutreffen, doch sollte das Schicksal dies vorgesehen haben, werden sie sich eines Tages auf der CD hören.

Von Windpferden
und Glücksschleifen

Wer durch die großen Städte in Europa spaziert, trifft immer häufiger auf den liebevoll gestalteten Balkonen bunte Stoffbahnen an, die im Wind flattern und deren mehrfarbige, mit fantasievollen Tieren bedruckte Streifen einen eigentümlichen Tanz aufführen. Einigen mag die Bedeutung bewusst sein, den meisten gefallen einfach nur diese feinen, lebendigen Stoffteile, die bei Wind und Wetter draußen ausharren, und selbst wenn sie über die Jahre hinweg verblassen, behalten sie einen eigentümlichen Reiz. Es sind die tibetischen Gebetsfahnen, in meiner Sprache »Lungta« genannt, was so viel bedeutet wie »Windpferde«. Mir wird jedes Mal ganz warm ums Herz, wenn ich diese Fahnen sehe, ob in einem kleinen Schweizer Dorf auf dem Land oder selbst in einer Metropole wie New York, wo man sie ganz unvermittelt in einem lauschigen Quartier antrifft, und dann spüre ich, wie tief verwurzelt ich in meiner Kultur bin – egal, wo auf der Welt ich mich gerade aufhalte.

Kürzlich fuhr ich mit einer Freundin zu einer Vernissage einer tibetischen Ausstellung ins Glarnerland, einen ländlich geprägten Schweizer Kanton mit einer intensiven Beziehung zu Tibet schon seit den frühen 1960er-Jahren, als die ersten Flüchtlinge aus Tibet dort eine willkommene Aufnahme und eine neue Heimat fanden; das ganze Tal stand während der Zeit der Ausstellung im Zeichen Tibets. Ich war schon viele Jahre nicht mehr dort gewesen, und als wir ins Tal hineinfuhren, sahen wir schon von Weitem ganz viele bunte tibetische Gebetsfahnen; für einen Moment hatte ich das Gefühl, in Tibet zu sein.

Das von hohen Schneebergen umgebene Tal, der blaue Fluss – die Linth –, die grünen, saftigen Wiesen, Blumen und die vielen bunten Gebetsfahnen, die im Wind flatterten, sowie große Pfeiler mit den einfarbigen Gebetsflaggen, die mit Mantras zur Harmonisierung der Elemente bedruckt sind – alles atmete eine wohltuende Ruhe aus, und meine Vorstellung von Verbindung zwischen Ost und West zeigte sich vor dieser majestätischen Alpenkulisse einmal mehr als gelebte Wirklichkeit.

Die Farben der Lungtas sind immer in der gleichen Reihenfolge angeordnet, und jede steht für ein bestimmtes Element: Weiß für den Raum, Rot für das Feuer, Grün für den Wind, Gelb für die Erde und Blau für das Wasser. Oft werden die Fahnen mit fünf Tieren bedruckt, dem Garudavogel, dem Drachen, dem Löwen und dem Tiger an jeder Ecke und das Windpferd in der Mitte. Diese Tiere gelten für uns Tibeter als verheißungsvolle Wesen, die uns Glück bringen sollen. Der Wind, so glauben wir, ist die treibende Kraft, mit dessen Unterstützung das Windpferd den Segen und den Schutz der Gebete in alle Richtungen trägt und dadurch Mensch, Tier und Natur beschützt.

Die Mala –
der tibetische Rosenkranz

Mittlerweile ist das Tragen einer kurzen oder langen Mala auch im Westen beinahe zu einem selbstverständlichen Bild geworden. Die Mala jedoch nur wie einen x-beliebigen Modeschmuck zu tragen ist eigentlich schade, weil diese feinen Perlen viel mehr zu bieten haben, als nur dekorativ zu sein. Die Mala ist für uns Buddhisten so wesentlich, sie ist untrennbar mit unserem Leben, unserem Alltag verbunden, sie bedeutet so viel Halt und Zugehörigkeit, dass ich in einigen Sätzen beschreiben möchte, was es mit ihr auf sich hat. Wir tragen eine Mala aus zwei Gründen: Zum einen sind die Perlen wie ein einfacher Zähler, eine Art altmodischer Taschenrechner, an dem man die rezitierten Mantras oder Gebete genau ablesen kann; zum anderen betrachten wir sie als Schutz.

Bei uns nennt man die Mala »Threngwa«, und sie besteht meist aus 108 Perlen, wovon acht davon als eine Art Vorrat gelten, um fehlerhaft gesprochene Mantras auszugleichen. Anders ausgedrückt: Obwohl man 108 Mantras rezitiert hat, zählt man nur 100. Die eine große Perle, durch die die beiden Schnurenden zusammengehalten werden, nennt man die Guru-Perle, die für den Buddha steht.

Ich habe gelernt, dass man, sobald man bei der Guru-Perle angelangt ist, die Mala um 180 Grad dreht und fortfährt und sich während der Rezitation vorstellt, wie sich die Silben des Mantras auf der Höhe des Herzchakras im Uhrzeigersinn um die Samensilbe drehen. Die Zahl 108 gilt als besonders, weil die mündlichen Lehren Buddhas, die sogenannten Sutras, auf

Tibetisch »Kangyur-Texte«, in 108 Bänden niedergeschrieben und festgehalten sind.

Weil diese Mala mit jedem Mantra, das wir achtsam mit ihr rezitieren, zu einem gesegneten Gegenstand wird, sollte man sie stets respektvoll behandeln, sie sorgfältig aufbewahren und niemals achtlos auf den Boden legen. Wenn sie von einer besonders gütigen Person oder gar einem Lama gesegnet wurde, trägt sie den Segen dieser weisen Menschen und hat eine kostbare heilvolle Kraft.

Aber auch wir selbst haben die Kraft, die Mala zu segnen. Selbst wenn wir noch Lichtjahre von der Erleuchtung entfernt sind, setzt schon unsere aufrichtige Absicht, ein Mantra zum Wohle aller Lebewesen zu sprechen und Liebe und Mitgefühl für alle zu kultivieren, eine wunderbare Energie in unseren Herzen frei. Und gerade diese Energie ist für alle heilsam. So laden wir mit jedem rezitierten Mantra unsere Mala mit einer starken Kraft auf, was wir nicht unterschätzen sollten. Mein Vater Dagsay Rinpoche hat uns gelehrt, dass wir am Ende der Rezitation stets voller Hingabe mit der Mala unsere Stirn berühren und anschließend sanft auf die Mala blasen sollen, damit die Heilkraft des Mantras auf die Mala übertragen wird.

Ich sehe meine liebe Mola immer noch vor mir mit ihrer Mala aus dunklem Holz und den beiden kleinen Anhängern mit einem Dorje – einer Art Donnerkeil – und einer Glocke aus Silber, an deren Enden jeweils 10 Ringe hängen. Sobald sie eine Runde mit 100 Mantras rezitiert hatte, schob sie den ersten der 10 Ringe beim Anhänger mit dem Dorje (symbolisiert das männliche Prinzip der Methode) hoch. Wenn sie alle Ringe nach oben geschoben hatte, waren 1000 Mantras vollständig, und sie konnte den ersten Ring des Anhängers mit der Glocke (symbolisiert das weibliche Prinzip der Weisheit) nach oben schieben. So hatte sie, sobald alle 10 Ringe beim Anhänger mit der Glocke oben waren, stattliche Zehntausend Mantras vollendet. Dazwischen drehte sie immer wieder an der kunstvoll aus Silber gefertigten Gebetsmühle, die auf dem Tisch stand. Mit jeder Drehung brachte sie die Gebetsrolle mit dem Mantra OM MANI PEME HUM, das eine Million Mal auf diesen Schriftrollen geschrieben stand, in Gang. Das Bewegen der Silben setzt, so glauben wir, ebenfalls deren Heil bringenden Kräfte frei.

Heute steht diese Gebetsmühle bei uns zu Hause vor dem Altar, und ich bewege sie, wann immer ich an ihr vorbeigehe. Meine Mala lade ich täglich mit der Energie dieser Gebetsmühle auf, indem ich sie liebevoll über sie hänge, sobald ich zu Hause bin. Jedes Mal, wenn ich später zu ihr auf Besuch war, ließ ich es mir nicht nehmen, eine Runde Mantras auf ihrer Mala zu sprechen. Ich wollte mich irgendwie mit ihrer Kraft verbinden und empfand dieses Gebet immer als ein beglückendes Gefühl. Als Mola im Alter von 86 Jahren von uns ging, hinterließ sie eine große Familie, deren wunderbares Vorbild sie bis zum letzten Tag war. Sie fehlt uns allen sehr, und der einzige Trost ist, dass wir viel für sie da sein durften.

Grundsätzlich wird empfohlen, die Mala in der linken Hand durch Daumen und Zeigefinger gleiten zu lassen, wobei es höhere Praktiken gibt, bei denen die rechte Hand benutzt wird.

Als moderne Buddhistin nutze ich auch andere Möglichkeiten zur Sammlung von Verdiensten, die sich mir mitten in meinem Alltag präsentieren. So rezitiere ich ein schnelles Mantra während meines Lauftrainings auf dem Band im Fitnessstudio oder im Freien, und ich widme meine körperliche Ertüchtigung dem Wohle aller Wesen. Ich stelle mir vor, dass ich durch das Gesundhalten meines Körpers wesentlich mehr für mein Umfeld tun kann, als wenn ich nicht auf mich aufpasse und aus Unacht-samkeit krank werde.

Am liebsten reise ich mit meinem Mann im Auto, da ich auf langen Strecken ungeniert meine Mala herausnehmen und die Gebete sprechen kann. Es ist ein wunderbares Gefühl, den Blick in die Weite schweifen zu lassen und sich vorzustellen, dass die Energie der Mantras alle Wesen gleichermaßen erreicht und ihnen die subtile Energie eines Mantras ins Herz gepflanzt wer-den kann. Ungeachtet, ob die Menschen und Tiere, für die ich die Mantras rezitiere, bewusst etwas davon spüren oder nicht, ich bin überzeugt, dass es auf einer ganz feinen energetischen Ebene ihre Herzen erreicht. Ich glaube daran, dass eine ganz besondere Kraft in ihrem Geist freigesetzt wird, die einen posi-tiven Eindruck hinterlässt und ihre Buddha-Natur zum Erwa-chen bringen wird. Und es tut mir selbst auch sehr gut.

Was gibt es Schöneres, als mit einer Mala in der Hand und ein ganz einfaches Mantra summend große Zufriedenheit und Glück zu verspüren?

Vom warmen Licht der Butterlampe und Wasserschalen-Opfer

Ein ebenso warmes Gefühl durchflutet mich, wenn ich an mei-nen Großvater denke. Noch im hohen Alter von 82 Jahren absolvierte Pola frühmorgens, wenn am Horizont langsam der Tag erwachte, die Kora, das ist ein in Gebeten versunkener Rundgang um etwas Geweihtes, etwas Heiliges, und für spiri-tuelle Menschen wie ihn ein tägliches Pilgerritual, das ein paar Hundert Meter oder gar einige Kilometer lang sein kann. Da-nach zündete er jeweils die Butterlampen an und brachte ein wunderbar riechendes Räucherstäbchen zum Brennen. Ich liebte es, ihm zuzusehen, wie er die Butterlampen bereitstellte:

🪷 Der Docht wurde für jede Lampe täglich neu aus Watte gedreht und mit dem dickeren Teil in die kleine Öffnung der Butterlampe gesteckt. Danach erhitzte er mit großer Sorgfalt die Butter und füllte sie achtsam in die dafür vorgesehenen kunstvoll verzierten Butterlampengefäße, und zwar so, dass die Spitze des Wattedochts in der Mitte schön trocken herausragte. Dabei achtete er darauf, keinen der kostbaren Buttertropfen zu verschütten.

Dieses Licht wird symbolisch für die ganze Strahlkraft des Universums, die Sonne, den Mond und die Sterne, für die Buddhas mit dem Wunsch dargebracht, dass wir selbst sowie alle Wesen dank der Verwirklichung des klaren Lichtes die wahre Buddhaschaft erlangen werden. Das wunderschön erhellende Licht der Butterlampe soll die Dunkelheit der Unwissenheit vertreiben. Viel später erst wurde mir bewusst, welch fatale Wirkung dieses so harmlos klingende Wort »Unwissenheit« hat: Wer in der Dunkelheit der Unwissenheit verharrt, entwickelt statt Liebe und Mitgefühl für andere Lebewesen ein ausschließlich auf sich selbst fokussiertes, überdimensioniertes Ego. Ein von seinem Ego dominierter Mensch mag zwar materiell bemessen reich werden, er mag in Palästen wohnen und sich alles leisten können, was er an Gütern begehrt, er verfügt möglicherweise auch über große Macht, doch im Herzen ist er ein einsames Wesen, und Einsamkeit macht bekanntlich hart und bitter.

Obwohl es zu unserem Alltag gehörte, dass mein Pola, mein Großvater, jeden Morgen jahrein, jahraus die Wasserschalen vor unserem Hausaltar mit frischem Wasser auffüllte, hatte dieses Ritual jedes Mal eine große beruhigende Ausstrahlung für mich. In jedem Altar sollten die Symbole für den erleuchteten Körper, die erleuchtete Sprache und den erleuchteten Geist Buddhas vorhanden sein. Für den erleuchteten Körper von Buddha kann man eine schöne Buddha-Statue oder ein Buddha-Bild nehmen, das man in die Mitte platziert. Für die erleuchtete Sprache legt man ein Buch mit den heiligen Texten auf die linke Seite, und als Symbol für den erleuchteten Geist nimmt man einen kleinen Stupa, den man rechts platziert.

Pola begleitete seine Handlung mit dem Murmeln seiner täglichen Gebete, das mit der Zufluchtnahme in die Drei Kostbaren Juwelen von Buddha, seiner Lehre und der heiligen Gemeinschaft begann und mit einer Widmung für das Wohl aller Wesen abschloss.

Wie aufgeregt war ich, als ich das allererste Mal selbst die Wasserschalen darbringen durfte! Als Kind ist man noch recht unbeholfen, und ich hatte große Angst, dass das Wasser überlaufen und ich eine regelrechte Überschwemmung auslösen würde, wodurch ich die zahlreichen Buddhas im Altar garantiert ungünstig stimmen würde. Aber mein Großvater in seiner gütigen Art war sehr geduldig und schmunzelte nur leise, als ich mit zitternden Händen begann, die Silberschalen zu füllen. Es gab verschiedene Buddhas im Altar; einige mochte ich sehr gerne, da sie einem liebevoll und friedvoll entgegenblickten. Andere hingegen hatten die Augenbrauen zusammengezogen und schauten böse. Erst als ich erwachsen war, erfuhr ich in den Belehrungen meines Vaters Dagsay Rinpoche, dass die Natur aller Buddhas die Gleiche ist. Und dass es sich bei den Darstellungen bloß um verschiedene Manifestationen handelte. Pola erklärte mir, dass man durch das Darbringen von Opfergaben große karmische Verdienste sammelt und diese sehr förderlich für Glück in diesem Leben seien. Außerdem steigern sie die Chancen für die Erlangung eines glücklichen Menschenlebens im nächsten Leben. Das mit dem nächsten Leben interessierte mich zu jener Zeit noch nicht sonderlich, aber dass man durch Opfergaben die Ursachen für Glück im Leben schafft, fand ich doch recht gut. Glück bedeutete für mich damals eine neue hübsche Puppe oder jemand, der mir zwei Franken für den Jahrmarktbesuch schenkte, denn damit konnte ich für meine kleinen Schwestern und mich viele Schleckereien erstehen.

Die sieben sauberen leeren Wasserschalen wurden der Reihe nach jeden Morgen von links nach rechts aufgereiht. Dabei achtete Pola genau darauf, dass zwischen den Schalen jeweils ein kleiner Abstand, so breit wie ein Reiskorn, gelassen wurde. Die Wasserschalen konnten aus bescheidenem Material oder aus Silber sein, wichtig war die Motivation, mit der man das frische Wasser den erleuchteten Wesen darbrachte.

Bei allen unerschöpflich wichtigen Opferdarbringungen geht es darum, diese ohne Bedauern, Geiz oder Zögern auszuführen. Wasser ist für alle Wesen lebensnotwendig und deshalb äußerst kostbar.

Beim Auffüllen der Wasserschalen muss darauf geachtet werden, dass man zunächst mit einem feinen Strahl beginnt, allmählich mehr eingießt und gegen Schluss die Wasserkanne leicht hochzieht und wieder mit einem feinen Strahl aufhört. Dann macht man das Gleiche mit der zweiten Schale.

Pola meinte, die Schalen seien so geschaffen, dass das Wasser nicht so leicht überläuft, was auf die große Verdienstsammlung deute. Und er hatte recht: Dadurch, dass die Ränder der Schalen schräg nach außen verlaufen, läuft die Schale nicht über, wenn man sorgfältig und konzentriert dieses Opfer darbringt.

Rauchopfer-Ritual

Jeden Morgen, bevor meine Mola frühstückte, führte sie auf ihrem Balkon einer typischen kleinen Schweizer Wohnsiedlung in Horgen ein »Su«-Ritual durch. An diesem Ritual hielt sie jahrein, jahraus fest, und weder Eis noch Schnee konnte sie davon abhalten.

Dieses Ritual wird mit »Sang Tsam« durchgeführt, so nennt man eine Mischung aus geröstetem Gerstenmehl, Butter, Milch, Joghurt und Zucker. Das »Su«-Ritual dient dazu, die »Bardo-Wesen« durch den feinen Geruch des brennenden »Su« anzuziehen, ihren Hunger zu stillen und ihnen zu helfen. In Tibet gab es früher auf dem Dach jeder Familie einen speziell dafür bestimmten Brennofen, den sogenannten »Sang Bo«, wodurch ein solches Feuerritual natürlich viel fulminanter ausfiel. Mola hatte schon in Tibet immer dieses Ritual für die verstorbenen Wesen durchgeführt. Das Fehlen eines Brennofens konnte sie folglich nicht davon abhalten, dieses Ritual auch fern ihrer Heimat jeden Morgen fast 50 Jahre lang weiterzuführen.

Dafür zündete sie in einer Schale ein Stück schwarze Kohle an und streute von diesem »Sang Tsam« etwa einen Teelöffel über die kleine Glut der brennenden Kohle. Sobald diese Mischung auf die kleine Glut fiel, entstand ein angenehm riechender Rauch, der in den Himmel aufstieg. Dann nahm sie die beiden kleinen Klangschalen, die wir »Tingshag« nennen, in die Hand und murmelte ihre Gebete; ab und zu ließ sie beide Klangschalen zusammenklingen, sodass sie einen hellen und klaren Ton von sich gaben. Der Klang der »Tingshags« und der fein duftende Rauch, so Molas feste Überzeugung, würden die Bardo-Wesen und die Hungergeister anlocken. Sie wusste, dass es unzählige Bardo-Wesen gibt, die aufgrund großer Anhaftungen im Geist zur Zeit ihres Sterbens in diesen Bardo-Zustand gerieten und nicht erkannt haben, dass sie bereits tot sind. So irren sie herum und versäumen es, in die nächste Wiedergeburt zu gehen. Angelockt durch den Duft des »Sang Tsam« wird ihr Hunger durch den Rauch gestillt.

Unsere Mola hat dieses Ritual aber auch einer Gruppe von Hungergeistern gewidmet, die wir »Yidak« nennen. Sie fristen im Bereich der Hungergeister ein besonders trauriges Dasein, da sie aufgrund des Geistesgiftes Geiz in diesem Bereich gelandet sind. Mola wies mit großem Mitgefühl darauf hin, dass diese Wesen enormes Leiden ertragen, weil ihr Hals so dünn ist wie eine Nadel und sie keine feste Nahrung zu sich nehmen können. Nur den Geruch der Nahrung könnten sie aufnehmen, und das vermittle ihnen eine kurze Erleichterung. Allein diese Vorstellung machte mir immer wieder deutlich, wie kostbar es ist, dass wir jederzeit mit Genuss essen und trinken können.

In Tibet hängt neben jedem Brennofen, »Sang-Bo« genannt, stets ein zweiteiliger Sack mit Fransen, der »Sangkung« genannt wird. Dieser wird während des Rituals über die Schulter gehängt, sodass man gut in beide Säcke greifen kann. Die eine Seite ist mit »Sang«, getrockneten Wacholderblättern, gefüllt, die andere Seite wird mit dem vorhin beschriebenen »Sang Tsam« gefüllt, das für die Bardo-Wesen gedacht ist.

Nachdem man das Feuer im Brennofen entfacht hat, streut man zuerst den »Sang« über das Feuer und legt vor allem auch frischen Wacholder oder »Ganden Khenpa«, eine Art Thuja (Lebensbaum), auf das Feuer, die für viel frischen weißen Rauch sorgen. Es ist ein wohlriechender Rauch, der zum Himmel steigt und der die Götter günstig stimmen soll, damit sie Mensch und Tier beschützen mögen. Manchmal werden auch gesegnete Gerstenkörner in die Luft, in Richtung der Götter, geworfen, und man trägt ihnen alle Wünsche vor und bittet sie um Unterstützung, dass alle Wünsche und Hoffnungen in Erfüllung gehen mögen.

Einen dieser Brennöfen findet man auch im klösterlichen Institut Rikon in der Schweiz, in dem regelmäßig eine Rauchopferzeremonie für das Wohl aller Wesen durchgeführt wird. Mit meinen Eltern war ich als Kind oft im Kloster, da mein Vater mit dem Abt eng befreundet war. Das schönste Zusammentreffen aller Tibeter im Kloster Rikon fand immer am 6. Juli statt, um den Geburtstag seiner Heiligkeit des Dalai Lama zu feiern. Als Kind mochte ich es sehr gerne, schon von Weitem den aufsteigenden weißen Rauch, »Sangsö«, so nennt man diese Rauchopferzeremonie, zu sehen und zu riechen. Dann, nach all den Gebetsritualen im Altarraum, schritten alle festlich gekleideten Teilnehmer zum »Sang-bo« und verteilten sich um ihn herum. Gemeinsam wurden nochmals einige wichtige Gebete rezitiert, um den Schutz der Götter zu erbitten und ihnen dieses Rauchopfer darzubieten.

Meine Mola erklärte mir, dass die Schutzgötter noch keine erleuchteten Wesen sind, dass sie aber über sehr viel Kraft verfügen, um einem im alltäglichen Leben Schutz zu gewähren. Dafür wollen sie eine Belohnung erhalten, und deshalb bringt man ihnen diese Rauchopfer dar, das sie entsprechend wohlwollend stimmt. Am Schluss der Gebete verteilten die Mönche an die Teilnehmer der Zeremonie eine Handvoll Mehl in die rechte Hand, um die Schlusszeremonie auszuführen. Das war für uns Kinder das Lustigste: Alle mussten zuerst drei Mal das Wort »SO« ganz lang gezogen sprechen, und bei jedem »SO« streckte man die Hand in Richtung der Götter nach oben. Nach dem dritten Mal riefen alle: »KI KI SO SO LHA GYALO!!!!« – »Mögen die Götter siegen«, und nun durfte man das Mehl den Göttern in die Luft zuwerfen.

Vermutlich verband ich mit der Zeit diesen Geruch auch mit dem Erlebnis, wenigstens einmal im Jahr nebst meiner großen Familie ganz viele Tibeter und Tibeterinnen an einem Ort zu sehen. Jede Familie brachte ein Picknick mit feinen Momos – gedämpften Fleischtaschen –, Schapale – frittierten Fleischtaschen –, feinem Gemüse und der scharfen Chilisauce, die nie fehlen darf, mit. Man setzte sich zusammen in die Wiese und genoss es, sich wiederzusehen und sich auszutauschen.

Glücksschleifen

Wenn man in Tibet reist, begegnet man ihnen auf Schritt und Tritt: Ich spreche von den weißen tibetischen Glücksschleifen, mit denen man überall begrüßt wird. Obwohl ich mich langsam daran gewöhnt haben sollte, bin ich immer wieder zutiefst gerührt von dieser schönen Willkommensgeste.

Wir nennen diese Schleifen »Kathag« oder in der Höflichkeitsform »Dschäldar«. Der Überbringer einer solchen Glücksschleife möchte in erster Linie jemanden mit tiefem Respekt begrüßen. Die weiße Farbe steht für das reine Herz und die Aufrichtigkeit, mit der man sie darbringt. Die Legende berich-

tet, dass diese Tradition ihren Ursprung beim berühmten König Song Tsen Gampo im 8. Jahrhundert hat, der ein sehr ge-
schickter Diplomat und Führer war. Er soll tapferen Kriegern
zum Zeichen seiner Anerkennung immer ein Tierfell geschenkt
haben. Mit der Verbreitung des Buddhismus im 11. Jahrhundert, der jegliche Art von Gewalt ablehnt, erhielten die glorrei-
chen Kämpfer statt der Tierfelle eine schöne weiße tibetische
Kathag aus kostbarer Seide.

Es gilt aber auch, bei diesem feinsinnigen Ritual einige Dos
and Don'ts zu beachten. So darf man einem Lama die Glücksschleife nicht um den Hals legen, sondern legt sie mit beiden
Händen und mit einem leicht verbeugten Oberkörper respektvoll in die Hände dieser ehrwürdigen Person. Weltlichen Personen, wenn es nicht gerade oberste Würdenträger oder gar
Staatsoberhäupter sind, darf man sie ohne Weiteres liebevoll
um den Hals legen. Seien Sie nicht überrascht, wenn der Lama
Ihnen die Glücksschleife umgehend zurückgibt oder sie Ihnen
nach einem kurzen Moment um den Hals hängt. Damit drückt
er aus, dass er Ihnen anhand der Glücksschleife seinen Segen
gibt. Wenn man eine Glücksschleife von einem Lama erhalten
hat, kann man sie sorgfältig behandeln und sie wie einen Talis-
man im eigenen Altar aufbewahren.

Ich habe in meinem Altar etliche dieser gesegneten Glücksschleifen, darunter gar einige, die ich von Seiner Heiligkeit dem
Dalai Lama entgegennehmen konnte, als ich für ihn singen
durfte. Wenn jemand eine seelische Krise durchmacht, hole ich
davon eine hervor und lege sie der Person sanft auf den Kopf,
da ich fest an die Wirkungskraft seines Segens glaube.

✿ Die tibetische Glücksschleife ist traditionsgemäß weiß,
meist aus Baumwolle oder Seide; man findet sie mittler-

weile auch in Gelb, Grün, Rot und Blau – in den Farben der fünf Elemente.

❁ ❁ ❁

Und wenn wir schon über das Glück und die Dinge sprechen, mit denen man dem Glück einen gestalterischen Ausdruck gibt, dann dürfen die acht tibetischen Glückssymbole nicht fehlen, die den Empfängern viel Glück und Segen bringen sollen. Es ist ein alter Brauch, dass die acht verheißungsvollen tibetischen Glückssymbole auf die Glücksschleifen gedruckt oder hineingewoben werden. Diese findet man in jedem buddhistischen Kloster, entweder als farbige Teppiche an den Wänden, eingestickt in die Wandbehänge in den Ritualräumen und natürlich auf Gegenständen tibetischer Handwerkskunst.

Die acht Zeichen sind:

1. der kostbare Schirm
2. die goldenen Fische
3. die Schatzvase
4. der Lotos
5. die rechtsgedrehte Muschel
6. der glorreiche endlose Knoten
7. das Siegesbanner
8. das Rad

Der kostbare Schirm (Dug)

In früheren Zeiten galt der Schirm als Statussymbol, da nur wohlhabende Menschen sich einen Schirm leisten konnten, der sie vor Regen oder vor der Sonne schützen konnte. Im Zu-

sammenhang mit den acht tibetischen Glückssymbolen repräsentiert der Schirm den Schutz vor der Hitze der Verblendungen des Geistes und hilft, dass der Geist ausgeglichen und ruhig
bleibt.

Die goldenen Fische (Ser nga)

Die beiden Fische gelten als Symbol der Furchtlosigkeit, weil
sie mit der Fähigkeit ausgestattet sind, sich vor dem Ertrinken
im Ozean der Leiden zu retten. Auf der Ebene der geheimen
tantrischen Lehre symbolisieren sie den Sonnen- und Mond-
Kanal, in denen »Lung« (Sanskrit: »Prana«) fließt, und stehen
somit für die Vereinigung des weiblichen und männlichen
Prinzips.

Die Schatzvase (Ter chenpö bum pa)

Die üppig gefüllte Schatzvase steht für unerschöpflichen Reichtum materieller wie spiritueller Art. So schenkt sie einem Wohlstand, ein langes Leben sowie die geistige Befreiung. Gemäß
tibetischem Denken kann materieller Wohlstand nützlich sein,
um sich spirituell weiterzuentwickeln, weil man sich keine Gedanken über die existenziellen Bedürfnisse machen muss.

Der Lotos (Pema)

Der Lotos verkörpert die reine Klarheit des Geistes. Obwohl
die Lotospflanze im Schlamm und schmutzigen Wasser wächst,
bleibt kein Schmutz an ihr haften. Gleichermaßen bleibt unsere
ursprüngliche Natur des Geistes, egal, durch welche leidhaften
Emotionen wir auch immer hindurchgehen, vollständig unbe-
lastet und klar. Der geöffnete Lotos repräsentiert daher die vollständige Reinheit von Körper, Sprache und Geist.

Die rechtsgedrehte Muschel (Dung yä kyil)

In der Regel ist ein Muschelgehäuse linksläufig. Es ist ein Ritualgegenstand, der geblasen wird, um in den Klöstern die Versammlung anzukünden oder Darbietungen in Form eines Musikopfers zu machen. Es soll aber vor allem als Zeichen des Ruhms der Buddha-Lehre angesehen werden, der durch den Klang der Muschel in alle Welt hinausgetragen wird.

Der glorreiche endlose Knoten (Päl be u)

Der endlose Knoten ist ein Zeichen der endlosen Liebe für alle Lebewesen, aber auch ein wichtiges Ornament, das die Kette des zwölfgliedrigen abhängigen Bestehens zeigt. Er spiegelt die Erkenntnis der Erleuchteten wider und bringt die Einheit von Weisheit und Mitgefühl zum Ausdruck. Der Knoten symbolisiert auch, dass kein Phänomen unabhängig von anderen Erscheinungen bestehen kann. Mit seiner Endlosigkeit drückt er zudem eine allgemeine Harmonie und positive Umstände für ein langes Leben aus.

Das Siegesbanner (Gyäl tsän)

Das Siegesbanner steht für die Freude über den Sieg der Lehre Buddhas über die negativen Kräfte eines verwirrten Geistes. Es symbolisiert auch den Sieg der Erkenntnis über alle Formen der Unwissenheit.

Das Rad (Khor lo)

Das Rad stellt ein wichtiges Symbol für die buddhistische Lehre dar. Es steht für die drei höheren Schulungen von Ethik, Konzentration und Weisheit. Die Nabe repräsentiert die Ethik, die messerscharfen Speichen stellen das Weisheitsschwert von Manjushri dar, der die Wurzel der Unwissenheit durchschneidet. Die Felge des Rades symbolisiert die konzentrative Samm-lung. Die acht Speichen des Rades sind zugleich die Symbole des Achtfachen Edlen Pfades zur Befreiung. Nach der Mahayana-Tradition drehte Buddha das »Rad der Lehre« insgesamt drei Mal. Mit der ersten Drehung verkündete er die »Vier Noblen Wahrheiten«, mit der zweiten verkündete er das Prajnaparamitr-Sutra über die Vollkommenheit der Weisheit, auch bekannt als das Lotos-Sutra, und mit der dritten verkündete er das Lanka-vatra-Sutra, die Lehre der Nur-Geist-Schule, Yogacara.

Die Mantras II

»Nur weil wir Mantras aufsagen, werden wir nicht zu wunderbaren Menschen. Rezitieren, und sei es unendlich oft, bedarf der entsprechenden Gedanken und Handlungen, um die tiefe Wirkung zu entfalten. Ohne innere Anstrengung funktionieren selbst die schönsten Worte nichts, sie bleiben einfach schöne Worte, die wir, sollen sie ihre heilsame Wirkung entfalten können, mit Leben erfüllen müssen.«

Dechen Shak-Dagsay

TARA

Das Mantra

OM TARE TUTTARE TURE SOHA

Möge ich kraft dieses Mantras der wunderbaren Schutzgöttin TARA mit der Silbe TARE von allen Ängsten und mit der Silbe TUTTARE von allen Gefahren befreit werden. Mögen mir durch die Silbe TURE alle Wünsche gewährt werden.

Das tibetische Gebet

om je tsün ma phag ma dröl ma la chag tshäl lo

Ich verneige mich vor der ehrwürdigen Tara.

chag tshäl dröl ma nyur ma pa mo
chän ni kä chig log dang dra ma
jig ten sum gön chu kye schäl kyi
ge sar je wa lä ni jung ma

Ehre ihr, der geschwinden heldenhaften Befreierin,
Heldenhafte, deren Augen funkeln wie der Blitz,
entsprungen aus der Blütenkrone
des Herrn der drei Welten.

chag tshäl tön kä da wa kün tu
gang wa gya ni tseg pä schäl ma
kar ma tong trag tshog pa nam kyi
rap tu che wä öd rab bar ma

Ehre ihr, der Mutter, deren Antlitz erfüllt ist
wie von einer Ansammlung Hunderter Herbstmonde,
strahlend durch das brillante Licht
Tausender Sterne.

chag tshäl ser ngo chu nä kye kyi
pä mä chag ni nam par gyän ma
jin pa tsön drü ka thub schi wa
sö pa sam tän chö yül nyi ma

Ehre ihr, in ihrer gelb-blauen, goldenen Erscheinung
und ihren mit Lotosblumen geschmückten Händen.
Geben, Fleiß, Askese, Geduld und Konzentration
sind ihre großen Wirkungsfelder.

chag tshäl de schin scheg pä tsug tor
tha yä nam par gyäl wa chö ma
ma lü pha röl chin pa thop pä
gyäl wä se kyi schin tu ten ma

Ehre ihr, der Scheitelkrone aller Tathagatas,
sich endlos großer Siege Erfreuende,
vollkommen geehrt von den Söhnen der Siegreichen,
die die sechs Vollkommenheiten zur Vollendung
gebracht haben.

chag tshäl tut ta ra hung yi ghe
dö dhang chog dhang nam kha ghang ma
jig ten dün po schab kyi nän te
lü pa me par gug par nü ma

Ehre ihr, der Mutter, die mit den Silben TUTTARE HUNG
die drei Bereiche von Begierde, der Richtungen und
des Raumes Erfüllende,

131

die sieben Welten mit dem Fuß unterwerfend,
ist sie fähig, alle Wesen ohne Ausnahme
anzuziehen und mit Glück zu segnen.

chag tshäl gya jin me lha tsang pa
lung lha na tsog wang chug chö ma
jung po ro lang dri sa nam dhang
nö jin tshog kyi dün nä tö ma

Ehre ihr, der sogar Indra, Agni, Brahma Vayu
und Ischvara Opfergaben bringen,
die auch von den Bhutas, Vetalas, Gandharvas
und den Yakschas gepriesen wird.
Sie hilft uns, das Greifen nach einer
wahren Existenz aufzugeben,
der Wurzel aller Leiden.

chag tshäl TRAT che ja dhang PHET kyi
pha röl thrül khor rab tu jom ma
yä kum yön kyang schab kyi nän te
me bar thrug pa schin tu bar ma

Ehre ihr, die TRAT und PHET ruft
und damit die magischen Kräfte
des Gegners zerstört,
mit dem Fuß stampfend, das rechte Bein
angezogen, das linke gestreckt,
sitzt sie inmitten eines Flammenkranzes
der Weisheit.

chag tshäl tu re jig pa chen po
dü kyi pa wo nam par jom ma
chu kye schäl ni thro nyer dän dzä
dra wo tham chä ma lü sö ma

Ehre ihr, TURE, die zutiefst Erschreckende, die
die Helden der Maras – Unwissenheit,
Verblendungen – bezwingt.
Eine zornvolle Falte auf dem Lotosgesicht
ziehend,
vernichtet sie ausnahmslos sämtliche Feinde.

chag tshäl kön chog sum tsön chag gyä
sor mö thug kar nam par gyän ma
ma lü chog kyi khor lö gyän pä
rang gi öd kyi tshog nam thrug ma

Ehre ihr, deren Finger auf Herzhöhe die Geste der
drei Juwelen zeigend, einen Lotos halten.
Geschmückt mit dem Dharma-Rad auf
ihren Hand- und Fußflächen,
entsendet sie kraftvoll heilendes Licht,
das die Wesen vollständig vom Leid befreit.

chag tshäl rab tu ga wa ji pä
o gyän öd kyi threng wa pel ma
sche pa rab schä tut ta ra yi
dü dhang jig ten wang du dsä ma

Ehre ihr, der Freudvollen, von deren Krone
ein Lichterkranz ausgeht.
Mit TUTTARE und laut lachend
bezwingt sie die Maras und befreit die Wesen
von Anhaftung und Traurigkeit.

chag tshäl sa schi kyong wä tshog nam
tham chä gug par nü ma nyi ma
thro nyer yo wä yi ge hung gi
phong pa tham chä nam par dröl ma

Ehre ihr, die fähig ist, alle Beschützer der Erde aufzubieten.
Mit der Silbe HUNG und ihrer zornig gerunzelten Stirn
befreit sie die Wesen von
Verzweiflung und Armut.

chag tshäl da wä dum bü u gyen
gyän pa tham chä schin tu bar ma
räl pä thrö na öd pag me lä
tag par schin tu öd rab dzä ma

Ehre ihr, deren Krone wie eine leuchtende
Mondsichel ihr Haar schmückt.
In einem Haarknoten trägt sie den Buddha Amidaba,
von dem unablässig helles Licht ausgeht.

chag tshäl käl pä tha me me tar
bar wä threng wä ü na nä ma
yä kyang yön kum kün nä kor gä
dra yi pung ni nam par jom ma

Ehre ihr, die inmitten eines Flammenkranzes steht
wie das Feuer am Ende des Zeitalters.
Das rechte Bein gestreckt, das linke gebeugt,
vertreibt sie erfolgreich alle Feinde.

chag tshäl sa schi ngö la chag ghi
thil gyi nün ching schab kyi dung ma
thro nyer chän dzä yi ge hung gi
rim pa dün po nam ni gem ma

Ehre ihr, die mit der Handfläche auf die Erde schlägt
und mit dem Fuß auf die Erde tritt.
Die Zornfalte um die Augen und mit der Silbe HUNG
zerschmettert sie die sieben Welten des Samsara.

chag tshäl de ma ge ma schi ma
nya ngän dä schi chö yül nyi ma
so ha om dhang yang dhag dän pe
dig pa chen po jom pa nyi ma

Ehre ihr mit der glücklichen, heilsamen und
friedvollen Natur,
deren Tätigkeitsgebiet das friedliche Nirwana ist.
Ausgestattet mit der wahren Vollkommenheit von
SOHA und OM,
zerstört sie das Greifen nach Eigenexistenz.

chag tshäl kün nä kor rap ga wä
dra yi lü ni nam par gem ma
yi ge chu pä gnag ni kö pä
rig pa hung lä dröl ma nyi ma

Ehre ihr, die alle äußeren Feinde vernichtet,
die uns daran hindern, das Rad der Lehre zu drehen.
Mit dem Mantra der zehn Silben und dem
Wissen der Silbe HUNG
befreit sie die Wesen vollständig.

chag tshäl tu re schab ni dap pä
hung gi nam pä sa bön nyi ma
ri rab man da ra dhang big che
jig ten sum nam yo wa nyi ma

Ehre ihr, die mit dem Fuß des TURE Stampfende,
aus der Samensilbe HUNG Geborene,
bringt sie die drei Berge Meru, Mandara
und Binduchal
zum Beben und erschüttert dadurch
die falschen Ansichten.

chag tshäl lha yi tsho yi nam pä
ri dhag tag chän chag na nam ma
ta ra nyi jö phet kyi yi ge
dug nam ma lü par ni sel ma

Ehre ihr, in den Händen den Mond mit dem
Zeichen des Hasens haltend,
der wie ein göttlicher See aussieht,
spricht sie zweimal TARA und das PHAT
und beseitigt damit ausnahmslos alle Gifte.

chag tshäl lha yi tshog nam gyäl po
lha dhang mi am chi yi ten ma
kün nä gho cha ga wä ji kyi
tsö dhang mi lam ngän pa säl ma

Ehre ihr, die verehrt wird von den Führern
der Götter und Könige,
der Devas und der Kimnares.
Ausgerüstet mit dem Glanz der Freude,
vertreibt sie Konflikte und
schlechte Träume der Wesen.

chag tshäl nyi ma da wa gyä pä
chen nyi po le ö rab sel ma
ha ra nyi jö tut ta ra yi
schin tu drag pö rim nä sel ma

Ehre ihr, deren zwei Augen die Sonne und den Mond
verkörpern und in glänzendem Licht erstrahlen.
Durch das zweimalige Sprechen von
HARA und dem TUTTARA
vertreibt sie Krankheiten und
tödliche Epidemien.

chag tshäl dhe nyi sum nam kö pe
schi wä thu dhang yang dhag dän ma
dön dhang ro lang nö jin tshog nam
jom pa tu re rab chog nyi ma

Ehre ihr, die durch vortreffliches Erlangen
der drei Wirklichkeiten und
ausgestattet mit der Kraft des Friedens
die Geister, Zombies und Dämonen restlos vernichtet,
TURE, Allerhöchste, Exzellente.

tsa wä ngag kyi tö pa di dhang
chag tshäl wa ni nyi schu tsa chig

Dies ist die Lobpreisung mit den Wurzelmantras
und Ehrerbietung in einundzwanzig Versen.

☙ ☙ ☙

Dieses seit Jahrtausenden überlieferte tibetische Gebet mit einundzwanzig Lobpreisungen ist der wunderbaren und geschwinden Befreierin Tara gewidmet. Tara ist ein weiblicher Buddha;
aus reinem Mitgefühl manifestiert sie sich als kraftvolle Schutzgöttin für alle Wesen, um sie vor ihren Ängsten und Gefahren
zu bewahren und ihnen Schutz und Glück zu verleihen.

Persönlich schöpfe ich ungeheuer viel Kraft aus diesem Gebet, weil es mich unmittelbar mit der Tara-Energie verbindet
und mich sofort zur Ruhe bringt. Ich spreche dieses Gebet jeden Tag mindestens drei Mal und bitte darin um Taras Schutz,
und zwar nicht nur für mich, sondern für meine Familie, meine
Freunde und zum Wohl aller Wesen. Ich verbinde mich für
einen Moment mit all den Menschen, die großes Leid durch-

stehen müssen, sei es, dass sie selbst im Krankenhaus liegen oder ihre Liebsten durch eine schlimme Krankheit begleiten. Ich verbinde mich mit all den Menschen, die in der Sterbephase sind, und all den Müttern, die in diesem Moment unter großen Schmerzen ihre Kinder zur Welt bringen. All die Menschen, die durch eine Naturkatastrophe oder durch einen Krieg ihr ganzes Hab und Gut verloren haben und nur ihr nacktes Leben retten konnten. Ich verbinde mich mit all den Menschen, die trotz materiellen Wohlstandes eine enorme innere Leere und Traurigkeit verspüren, deren Seelen aufs Tiefste verletzt und in Depressionen gefangen sind.

Die vielen Aspekte von Tara

Dieses Mantra hat eine ganz besondere Kraft in sich und ehrt einundzwanzig verschiedene Aspekte der Grünen Tara. Die Haupt-Tara erscheint immer in Grün und symbolisiert das Element Wind. Das Element Wind steht für Bewegung, und dank der Kraft des Windes können Dinge in Bewegung gesetzt werden. Somit steht die Grüne Tara für aktive unmittelbare Hilfe für die Wesen. Sie manifestiert sich in unseren Herzen augenblicklich, sobald wir uns mit ihr im Geiste verbinden. Innerhalb der oben aufgeführten einundzwanzig Lobpreisungen erscheint sie entweder als friedliche Weiße Tara, als gute Energie anziehende Rote Tara, als drohende Dunkelrote Tara, als Blau-Schwarze äußerst drohende Tara, als Glück erweiternde Goldene Tara oder als Reichtum vermehrende Orange Tara.

Wenn uns nahestehende Menschen krank sind oder sonst durch eine schwierige Phase in ihrem Leben gehen, bitten wir die Nonnen oder Mönche eines Klosters, dieses TARA-Gebet

100 000 Mal speziell für diese Person zu rezitieren. Man mag daran glauben oder nicht, für mich ist es etwas Wunderbares, mich mit der Kraft eines solch uralten Gebetes zu verbinden, das die Menschen schon seit Jahrtausenden begleitet und ihnen Kraft und Trost spendet.

Als eine in der Schweiz, fernab der Heimat, aufgewachsene Tibeterin war ich sehr beeindruckt, als ich – damals zwanzig Jahre alt und frisch verheiratet – das erste Mal mit meinem Mann Kalsang im nordindischen Mussoorie war, um meine Schwiegereltern zu besuchen, die dort als Heimeltern etwa 20 tibetische Schulkinder im Alter von drei bis 15 Jahren betreuten. Jeden Abend kamen alle Kinder im Gebetsraum zusammen und beteten unter anderem diese einundzwanzig Lobpreisungen der Tara, die wir auf Tibetisch »Dölma« nennen. Da ich damals nur mit großer Mühe die tibetische Schrift lesen konnte, bewunderte ich die Kleinen, die dieses Gebet so schön rezitierten. Heute ist es ein wichtiger Teil meines Alltags geworden, und es erfüllt mich mit großer Freude, dass ich es sogar auf meinem Album JEWEL dank der wunderschönen Melodie vielen Menschen näherbringen darf.

Erstmals erzählte mir meine Mutter von dieser bezaubernden Göttin.

In bildlichen Darstellungen sind die einundzwanzig Formen der Tara in vielen verschiedenen Körperfarben zu sehen, die jeweils einen ihrer Aspekte verdeutlichen, die am meisten verwendeten und verbreiteten Farben sind Grün, Weiß, Blau, Rot und Schwarz. Die Grüne Tara steht für das aktive Mitgefühl und Helferin in größter Not; die Weiße Tara versinnbildlicht die übernatürlichen Kräfte und Fähigkeiten, mit denen ein langes Leben und Heilung von Krankheiten verbunden ist; die Rote Tara repräsentiert die Liebesmacht der Göttin und deren Fähigkeit, alle zu verzaubern und selbst Gegner zu befrieden; die Blaue Tara beseitigt mit den ihr zugeschriebenen Kräften die Angst vor Feinden, verbreitet Freude und entfernt persönliche Hindernisse auf dem Weg zur Erleuchtung. Die meisten der einundzwanzig Manifestationen der Tara sind friedvoll, einige erscheinen jedoch auch zornig und furchtbar wie die Schwarze Tara, und in den der Schwarzen Tara zugeschriebenen Versen besiegt die Göttin das Mara, das Prinzip des Todes und des Unheils, und zerstört so nachhaltig den Geist des Bösen.

Diese einundzwanzig Lobpreisungen der Göttin TARA, des wunderbaren weiblichen Buddha, wird von vielen Menschen, die regelmäßig meditieren, sehr geschätzt. Dieses Mantra bittet um den Schutz und den Segen von TARA, den sie uns in allen Lebenslagen gewährt. Man sagt von ihr, dass sie uns mit ihren wachsamen Augen stets zur Seite steht, dass sie uns hilft, die bedrohlichen Situationen des Lebens zu meistern und den Ozean des Samsara sicher zu überqueren.

Tara ist ein in vielen Kulturen beliebter Vorname für Mädchen: Im Kurdischen leitet er sich von dem Begriff für Brautschleier ab, in Amerika ist der Vorname ebenfalls sehr beliebt, leitet sich allerdings in der Regel vom mythischen Sitz der irischen Hochkönige (ein meist posthum verliehener Ehrentitel) ab, wo er ursprünglich »Ort der schönen Aussicht« bedeutet. In Russland ist Tara eine Koseform des Vornamens Tamara; auf Hindi bedeutet Tara »Stern«, während in der altindischen Schrift Pali das Verb Tarati »sich auf die andere Seite begeben« bedeutet. Seit Tausenden von Jahren richtet sich die Menschheit nach dem Polarstern, um den richtigen Weg zu ihrem Reiseziel nicht zu verfehlen; Tara trägt auch den Namen Dhruva-Tara, was ebenfalls Polarstern heißt.

Außerdem haben Altpersisch und Sanskrit die gleichen indogermanischen Wurzeln, weshalb es den Namen Tara in beiden Sprachen gibt. Mir persönlich gefiel der Name so gut, dass wir unserer zweiten Tochter den Namen Tara gegeben haben. Sie ist heute besonders stolz darauf und versucht, wann immer möglich, ihrem Namen gerecht zu werden.

Zwei Verständnisebenen

Tara können wir auf zwei Ebenen verstehen: auf der relativen und der letztendlichen. Auf der relativen Ebene erscheint sie uns als eine wunderschöne Prinzessin, um die sich viele Legenden ranken, deshalb kann sie als begrifflich denkendes Wesen verstanden werden. Eines der Merkmale eines vollständig erleuchteten Wesens ist die Fähigkeit der erleuchteten Aktivität. Tara ist daher die Verkörperung des erleuchteten Handelns sämtlicher Buddhas, während Avalokiteshvara das Mitgefühl sämtlicher Buddhas verkörpert. Da Tara eng mit dem Bodhisattva Avalokiteshvara verbunden ist, gilt sie auch als die Verkörperung des aktiven Mitgefühls. Auf der relativen Ebene sind Taras erleuchtete Aktivitäten das Gewähren eines langen Lebens, das Heilen von Krankheiten, die Fähigkeiten, Kriege zu verhindern, Glück und Wohlstand zu bescheren.

Auf der letztendlichen Ebene gewährt sie den Wesen alle Weisheiten und die Erkenntnis der letztendlichen Wirklichkeit. Diese Ebene der Tara geht über das begriffliche Denken und Analysieren hinaus. Ihre wahre Natur ist vollkommen frei von geistigen Fabrikationen und völlig losgelöst von Raum und Zeit. Was immer über das Begriffliche hinausgeht, ist schwer zu erklären und schwer zu verstehen. So nehmen die Lamas aller vier Traditionen seit Jahrtausenden die Tara-Praxis zu Hilfe, um ihre Schüler und Schülerinnen zur Erkenntnis der nicht konzeptionellen Tara zu führen.

In einer der ersten Belehrungen, die ich von meinem lieben Vater während einer Tara-Einweihung erhielt, erklärte er seinen Schülern und Schülerinnen, dass hinter unserem gegenwärtigen begrenzten Wahrnehmungsvermögen der Geist eines Buddhas steht und dass jeder Einzelne von uns, alle Wesen, selbst die Tiere, diese Buddha-Natur seit anfangsloser Zeit in sich tragen. Es war ein unglaublich schönes Gefühl, als ich das erste Mal tief verstand, dass wir ja alle den Samen zur Erleuchtung in uns tragen und eines Tages zu einem Buddha werden, wenn es uns gelingt, diesen Samen zum Blühen zu bringen.

Ungeachtet dessen, dass negative Geistesemotionen unseren Geist belasten, die letztendliche wahre Natur unseres Geistes ist wie der unendlich strahlend blaue Himmel. Die unheilsamen Gedanken, die durch die drei Geistesgifte Gier, Hass und Unwissenheit erzeugt werden, können als dunkle, am Himmel vorüberziehende Wolken betrachtet werden. Sie können zwar am Himmel vorbeiziehen, solange sie wollen, aber die wahre Natur des Himmels bleibt von ihnen unberührt. Mit anderen Worten: Selbst die dunkelsten Gewitterwolken können unsere reine, klare Buddha-Natur nicht beflecken. Solange aber unser Geist pausenlos die Wolken mit endlosen Gedanken produziert, geben wir unserer Buddha-Natur kaum eine Chance, sich zu offenbaren. Alle erleuchteten Wesen vor uns haben sich deshalb darum bemüht, den Geist von den Geistesgiften zu reinigen, um die Qualitäten von Liebe, Mitgefühl, Freude, Gleichmut,

Geben, Ethik, Geduld, Fleiß, Konzentration und Weisheit zu erlangen.

Tara ist ein vollkommen erleuchteter Buddha und im tibetischen Buddhismus die am meisten verehrte Schutzgöttin. Wie alle Buddhas besitzt sie einen allwissenden Geist und hat sämtliche Fehler aus ihrem Geist getilgt, die uns im Samsara gefangen halten.

Eine der Legenden erzählt, dass Tara vor vielen Zeitaltern als Prinzessin mit dem Namen »Yeshe Dawa«, was so viel bedeutet wie »Weisheitsmond«, auf die Welt gekommen sei. Unentwegt war sie zum Wohle aller leidenden Lebewesen tätig, weil sie nur einen Wunsch hatte: Ihnen zuliebe wollte sie die Erleuchtung erlangen, um sie vom Daseinskreislauf des Samsara zu befreien. Als sie eine hohe Stufe der Verwirklichung erlangte, meinte ein spöttischer Mönch, sie könne ja von nun an bewusst im (vermeintlich) günstigeren männlichen Körper inkarnieren, da der Körper einer Frau doch eher hinderlich zur Erlangung der Erleuchtung sei. Daraufhin legte die Prinzessin das Versprechen ab, fortan immer wieder ausschließlich in einer weiblichen Form zu inkarnieren, um Erleuchtung in einem weiblichen Körper zu erlangen, bis alle Wesen vom Samsara erlöst seien. Sie erklärte, sie habe lange nach ihrem weiblichen Zustand gesucht, aber nichts gefunden, sie selbst sehe sich nicht als weibliches und ihre Lehrer nicht als männliche Wesen, weil sie über das begrenzte Denken hinausgegangen ist. Sie soll gesagt haben:

»Es gibt hier keinen Mann, es gibt dort keine Frau,
kein Selbst, keine Person und kein Bewusstsein.
Die Bezeichnung »männlich« oder »weiblich« sind haltlos.
Sie sind eher Täuschungen für den verblendeten Geist.«

Tara und der Bodhisattva Avalokiteshvara

Die folgende Geschichte berichtet von der intensiven Verbindung von Tara zum Bodhisattva Avalokiteshvara, dem Buddha des Mitgefühls. Über viele Zeitalter hinweg hatte sich der Bodhisattva Avalokiteshvara bemüht, sämtliche Wesen aus den sechs samsarischen Bereichen zu befreien und in das »Reine Land von Potala« zu befördern. Als er glaubte, alle erfolgreich bis zum letzten Wesen befreit zu haben, erkannte er, dass alle sechs Bereiche wieder mit leidenden Wesen gefüllt waren. Er war zutiefst erschüttert, warf sich zu Boden und weinte unzählige Tränen, da er grenzenloses Mitgefühl und Liebe für diese Wesen empfand. Aus einer Träne aus seinem linken Auge entsprang die Weiße Tara und aus einer Träne aus dem rechten Auge die Grüne Tara. Beide sollen ihn getröstet und versprochen haben, ihm zu helfen.

In Tibet wird die Tara liebevoll »Jetsün Dölma« – die tugendhafte Retterin – genannt und als »Mutter aller Buddhas« verehrt, da sie als Verkörperung der Weisheit und des aktiven Mitgefühls aller Buddhas gilt. Die Lobpreisungsgebete der Tara werden in allen vier verschiedenen Traditionen seit Jahrtausenden in ununterbrochener Linie von Lehrer zu Schüler weitergegeben.

Wenn wir Tara sehen, dann blicken wir in die Verkörperung von Glückseligkeit und Leerheit und entwickeln den Wunsch, ihre Qualitäten in uns selbst zu erzeugen und selbst zu einer Tara zu werden. Die weibliche Erscheinung Taras hilft uns, den Zugang zu ihr leichter zu finden, denn jeder hat eine besondere Zuneigung zu seiner Mutter, weil wir als Kinder ihre bedingungslose Liebe erfahren durften. So gesehen ist Tara wie eine Mutter, die das Potenzial ihres Kindes erkennt und es mit großer Freude auf dem Weg der vollen Entfaltung begleitet. Während in den meisten westlichen Kulturen der Weisheit eher eine männliche Energie zugeschrieben wird, betrachtet man im Buddhismus die Weisheit als weibliche Energie. In diesem Sinne repräsentiert die Tara mit ihrer weiblichen Form die Weisheit, die die wesentliche Grundlage ist, Unwissenheit zu überwinden. Dadurch sind wir in der Lage, die Wirklichkeit zu sehen und die Ursachen von Leid zu erkennen. Mittels der Weisheit, die als Gegenmittel zur Unwissenheit bezeichnet wird, gelingt es uns, die Wurzel der Unwissenheit zu durchtrennen und somit das Entstehen der Ursachen von Leiden aufzuhalten.

Mitgefühl und Hilfe benötigen alle Lebewesen, das beginnt in dem Moment, in dem wir auf die Welt kommen, und für die meisten von uns gilt das erneut im hohen Alter, wenn wir uns darauf vorbereiten, diesen Planeten wieder zu verlassen. Es ist auch kein Geheimnis, dass viele Menschen niemanden haben und leider tatsächlich auf sich allein gestellt sind; ihre Einsamkeit umgibt sie wie ein Mantel, und sie benötigen besonders Schutz und Unterstützung, und deshalb rate ich allen, die sich für ihre Mitmenschen einsetzen möchten, dieses Mantra für all diejenigen zu sprechen, die der Linderung ihrer tiefen Einsamkeit bedürfen.

Die Göttin Tara als Helferin in größter Not steht uns auch dann bei, wenn uns tiefe Ängste plagen, was wohl niemandem erspart bleibt. Es sind vor allem Hoffnungen und Erwartungen, die wir in Dinge oder Menschen hineingeben, die das Chaos in uns verursachen und dafür sorgen, dass die Angst in unserer modernen Gesellschaft geradezu eine Hochkonjunktur erlebt. Und diese Ängste sind ungeheuer vielfältig: Ob es sich um die Angst vor Verlust eines Partners oder um pure Existenzängste handelt, ob wir Gefahr laufen, alles Materielle zu verlieren, oder von unbestimmten Panikattacken gequält werden – jeder und jede von uns lebt mit den individuellen Angst-Dämonen. Viele quälen sich mit den eigenen Ansprüchen, die sie nicht oder nur ungenügend erfüllen können: Bin ich schön, reich, gut genug, kann ich gegen meine Konkurrenten bestehen? Hinzu, quasi obendrauf, kommen dann noch die kollektiven Ängste um unser Klima, die Umwelt, die Zukunft des Planeten. Den pausenlos auf uns einstürzenden Horrorszenarien in den Medien und den täglichen Schreckensmeldungen über Gewalt kann man fast nicht mehr entkommen. Und kaum finden wir an einem Ort die Bestätigung, taucht schon die nächste Ungewissheit auf, und das ganze Spiel beginnt von vorn. Die Göttin Tara weiß um diese Ängste und Gefahren und gibt uns Schutz vor unserer eigenen Furcht.

In allen Glaubensgemeinschaften gibt es zahlreiche Gebete, die um Schutz und Hilfe bitten, was mich einmal mehr darin bestätigt, wie viel mehr uns Menschen verbindet denn trennt. Das »Praising Tara«-Mantra spreche ich stets dann, wenn ich für mich und meine Lieben, aber auch mir völlig unbekannte Menschen um Schutz bitten möchte. Dazu gehört ganz wesentlich die Bitte um Furchtlosigkeit, denn über allen Interpretationen um das Mantra der Tara steht ihre Fähigkeit, Menschen das stärkende Selbstvertrauen zu verleihen, mit dem sie den Herausforderungen des Alltags begegnen können.

Die Musik zum Tara-Mantra

Das Tara-Mantra umfasst einundzwanzig vierzeilige Verse, es ist folglich ein ausgesprochen langes tibetisches Gebet, das einem sorgfältigen Aufbau folgt, und ebenso fein ist die Melodie dazu, zunächst nur getragen von leisen Tupfern einer Querflöte und Originaltönen aus der tibetischen Natur – das Zwitschern der Vögel, das leise Rauschen des Windes, das zarte Plätschern einer Bergquelle. Allmählich setzt das Klavier kraftvoll ein, greift die Schwingung auf und lässt sich mit der Querflöte auf einen wunderbaren Dialog ein. Der Chor übernimmt die Tonfolge, und gemeinsam entsteht eine intensive Strömung, die tiefer und tiefer reicht. Von Zeile zu Zeile steigert sich die Intensität, Trommeln setzen ein, lassen sich vom Klavier mittragen, geben ihren eigenen Rhythmus kraftvoll ein und kreieren eine helle, mitreißende Atmosphäre. Das Finale ergießt sich in einem Sturm von Tönen, die den ganzen Körper einhüllen, ihn innen und außen erfüllen, die die Atmosphäre beleben, die uns im Strom der Einheit mitschwingen lassen und dann ganz langsam ausklingen. Alles kommt zur Ruhe, die friedvollen Klänge begleiten uns mit einem hellen Zwitschern und entlassen uns gestärkt in die Welt hinaus.

Die Grundstimmung der tiefen Ehrerbietung gegenüber dieser erleuchteten Gottheit hat der Komponist mit getragenen, tiefen Tönen eingefangen, die hellen Wellen der Morgendämmerung erklingen in den feinen Rasseln. Unterlegt ist das ganze Stück mit Naturtönen, die wir in Tibet aufgenommen haben: Vogelgezwitscher, dem in den Bergen auf über viertausend Meter pfeifendem Wind, dem Rauschen der Flüsse, was dem ganzen Mantra eine majestätische Stimmung mitgibt. Tara ist unglaublich vielfältig, wofür ja auch die zahlreichen Darstellungen dieses einzigen weiblichen Buddhas sprechen; ihre Beweglichkeit, ihre Nuancen erreichen in tausendfachen Zwischentönen den ganzen Menschen und zeichnen das Bild dieser strahlenden Siegerin über das Elend.

PRAISING TARA

Das Mantra

OM *chom dän de ma*
phag ma dröl ma la chag tshäl lo
chag tshäl dröl ma TA RE päl mo
TU TA RA yi jig kün sel ma
TU RE dön nam tham chä ter ma
SO HA yi ghe che la rab tu

Ehre ihr, die alle vorzüglichen Qualitäten
eines Buddhas besitzt,
der Siegerin über alle negativen Kräfte.
Ich verneige mich vor TARA, die mit den Silben
TA RE befreit,
die mit den Silben TU TA RA alle Wesen
von ihren Ängsten befreit
Und die mit TU RE alle Wünsche gewährt.
SOHA, so festige ich mein Wunschgebet.

Das tibetische Gebet

je tsün dröl ma la
chag tshäl lo

Ehre ihr, der Jetsün Dölma,
der tugendhaften Befreierin!
Vor ihr verneige ich mich.

lha mo la ghü yang dhag dän pä
lo den ghang ghi rab dä jö de
sö dang tho rang lang par jä nä
drän pä mi jig tham che rab ter

Wird dieses Gebet mit tiefem Respekt für Tara
und mit großem Vertrauen zu Beginn der Nacht
und in der Morgendämmerung rezitiert,
befreit es uns von jeglichen
Ängsten, die uns plagen.

dig pa tham chä rab tu shi je
ngän dro tham chä jom pa nyi dho
gyäl wa je wa thrag dün nam kyi
nyur dhu wang ni kur war gyur la

Durch die vollständige Reinigung
des negativen Karmas
werden Wiedergeburten in
den elenden Bereichen komplett verhindert.
Siebzig Millionen Buddhas werden uns
mit ihrer Ermächtigung segnen.

di lä che wa nyi ni thob ching
sangyä gho phang thar thug dher dro
dhe yi dhug ni drag po chen po
tän nä pa am shän yang dro wa

Mehr noch: Ihr werdet den Zustand der
Buddhaschaft erlangen.
Erinnern wir uns stets an dieses Gebet,
bleiben wir vor den starken Giften
Unwissenheit, Gier, falsche Ansichten, Hass
bewahrt.

*sö pa dhang ni thung pa nyi kyang
drän pä rab tu sel wa nyi thob
dön dhang rim dhang dhug gi sir wä
dug ngal tshog ni nam par pang te*

Dieses Gebet schützt uns auch vor Vergiftungen durch
Essen und Trinken, vor Bissen und Stichen von Tieren.
Die von Dämonen, durch Seuchen und Gifte
verursachten Leiden
werden vollkommen und für alle Wesen beseitigt.

*sem chän shän pa nam la yang ngo
nyi sum dün dhu ngön par jö na
bhu dö pä ni bhu thob gyur shing
nor dö pä ni nor nam nyi thob*

Wer sich ein Kind wünscht und dieses Gebet
zwei, drei oder sieben Mal rezitiert,
wird ein Kind bekommen;
wer sich Wohlstand wünscht, wird mit
Wohlstand gesegnet werden.

*dö pa tham chä thob par gyur la
geg nam me ching so sor jom gyur tschig*

Alle unsere Wünsche werden rasch erfüllt,
und Hindernisse, die sich uns in den Weg stellen
und uns schaden wollen,
werden sich von allein auflösen.

Im tibetischen Buddhismus kommt der Grünen Tara eine besondere Bedeutung zu, da sie vor den acht inneren und den acht äußeren Gefahren schützt; zugleich wird dieser friedvolle weibliche Buddha für seine wunscherfüllenden Qualitäten gepriesen. Obwohl die Grüne Tara auch weltliche Wünsche erfüllen soll, besteht ihr eigentliches Anliegen darin, die Praktizierenden zur Erleuchtung zu führen. In diesem Sinne kann man die acht Gefahren, vor denen die Grüne Tara schützt, auch als Symbole für die inneren Hindernisse auf dem Weg verstehen. So gewährt sie Schutz vor den acht äußeren und inneren Gefahren.

Die acht äußeren und inneren Gefahren

Unter den acht äußeren Gefahren sind die Bedrohungen zu verstehen, die unseren Besitz oder unser Leben gefährden. Im Einzelnen sind gemeint:

> der Stolz des Löwen, die Unwissenheit des Elefanten, das Feuer der Wut, die Schlange des Neides, die Räuber der falschen Ansichten, die Ketten des Geizes, die Flut der Begierde, die Dämonen des Zweifels.

Der Löwe ist bekannt dafür, dass er einen königlichen Stolz zutage legt. Es kümmert ihn kaum, wenn er mit seiner großen Pranke links und rechts andere Wesen verletzt. Genauso schützt uns die TARA vor unserem ungestümen Stolz, denn wenn wir stolz sind, können wir keine Demut entwickeln und stehen uns selbst im Wege.

Sie schützt uns vor der Unwissenheit des Elefanten. Auf der äußeren Ebene besteht die Gefahr, von einem Elefanten zerdrückt zu werden, heutzutage natürlich kaum. Diese Gebete stammen aus dem alten Indien, als die Menschen durch dicken Dschungel reisen mussten, um von einem Dorf zum anderen zu gelangen. Auf die heutige Zeit übertragen, schützt die TARA uns, damit wir unfallfrei und sicher an unseren Zielorten ankommen. Anders formuliert: Sie schützt uns vor der inneren Gefahr der Unwissenheit, die die Wurzel allen Leides ist, und macht uns weise.

TARA schützt uns vor dem Feuer der Wut. Auf der äußeren Ebene schützt sie vor der elementaren Gefahr von Feuer, was sehr wertvoll ist. Denn die Gefahr des Feuers lauert überall. Auf die innere Gefahr bezogen, schützt sie uns vor der Emotion Wut. Buddha lehrte, dass Wut eines der gefährlichsten Gefühle ist, da sie sich, wenn sie nicht in Zaun gehalten werden kann, wie ein schwelender Flächenbrand ausbreiten und unendlich viel Schaden verursachen kann. Nicht selten sind Wut und Hass die Auslöser für grausame Kriege.

Sie schützt uns vor der Gefahr der Schlange. Auch heute sind wir froh um den Schutz, wenn es um giftige Tiere geht. Auf die innere Gefahr bezogen, schützt die TARA uns vor der Emotion Neid. Neid ist eine sehr destruktive Geisteshaltung und kann einen Menschen völlig ins Negative ziehen. Deshalb ist es hilfreich, einen Schutz vor dieser Emotion zu erfahren.

Sie schützt uns vor der Gefahr der Flut. Welche Schäden das Element Wasser anrichten kann, können wir tagtäglich in den Nachrichten erfahren, wenn wieder von verheerenden Überschwemmungen berichtet wird, die ganze Landstriche in Mitleidenschaft gezogen haben. Auf die innere Gefahr bezogen, schützt die TARA uns vor unseren eigenen Begierden. Wird die Begierde nicht rechtzeitig kanalisiert, kann sie großen Schaden anrichten. Wenn wir Begierde und Anhaftung nicht in den Griff bekommen, ist es, als ob wir in einen reißenden Bach fallen und uns nicht mehr aus eigener Kraft retten können.

Die TARA schützt uns vor den Gefahren der Räuber, so wie wir unseren kostbaren Schmuck, den wir mit großer Mühe erworben haben, immer in Sicherheit bringen und vor unrechtmäßigem Zugriff schützen wollen. Auf die innere Gefahr bezogen, sollten wir stets darauf bedacht sein, dass wir unsere korrekten Ansichten über spirituelle Belange nicht verlieren.

Die TARA schützt uns vor den Ketten des Geizes. Auf die äußeren Gefahren bezogen, bedeutet dies, dass sie uns vor Gefangenschaft schützt, wenn wir ohne unser Verschulden gefangen gehalten werden. Auf die innere Gefahr bezogen, schützt sie uns vor unserem Geiz und hilft uns, großherziger und freigiebiger zu sein.

Die TARA schützt uns vor den Dämonen des Zweifels. Auf die äußere Gefahr bezogen, schützt sie tatsächlich vor negativen Kräften, die uns in Form von Dämonen beeinträchtigen können. Auf die innere Gefahr bezogen, schützt sie uns vor unseren eigenen Zweifeln. Zweifel können durchaus gut sein, um nicht immer und alles leichtgläubig hinzunehmen oder um sich nicht selbst zu überschätzen. Auf dem spirituellen Weg hingegen können nagende Zweifel auch ein Hindernis sein, vollständige Hingabe und Vertrauen in die Zufluchtobjekte zu entwickeln.

VAJRA GURU

Das Mantra

OM AH HUM BENDZA GURU PEMA SIDDHI HUM

Möge ich kraft dieses Mantras die geistigen
Errungenschaften von Guru Padmasambhava,
dem »aus dem Lotos Geborenen«, erlangen.

Das tibetische Gebet

öh phag me gön trul kü nam röl te
dug ngäl ngen pä kye drö dhön dhu dschön
o gyän pä ma dschung nä söl wa deb
dschung schi thrug dhang nä mug dsing dsö sog
sem dän nam mang dug nyäl lä dröl nä
schi de päl yön thop par dschin gyi lob

Der Erhabene Buddha Amidaba, »Buddha des
grenzenlosen Lichtes«, manifestiert sich in seiner
grobstofflichen Form als Guru Padmasambhava.
Aus tiefstem Mitgefühl für alle leidenden Wesen
bitte ich Dich, den »aus dem Lotos Geborenen«,
die schrecklichen Umstände wie Naturkatastrophen,
Hungersnöte, Krankheiten, Konflikte und Streit abzuwenden
und die unzähligen Lebewesen aus den
negativen Bereichen zu befreien.
Bitte segne uns, damit wir Frieden, Wohlstand
und Glück erlangen mögen.

Lange bevor der Buddhismus nach Tibet kam, herrschte die Bön-Religion. Diese sehr naturverbundene Religion beinhaltet einerseits animistische Praktiken, andererseits Texte, die denen der buddhistischen Auslegungen von den drei Fahrzeugen größtenteils entsprechen.

Ein wesentliches Merkmal der Bön-Anhänger ist, dass ihr Begründer seine Lehre nicht auf Buddha Shakamuni, sondern auf Buddha Shenrab Miwoche zurückführt, der vor circa 600 bis 700 v. Chr. gelebt haben soll. Die Geschichtsbücher schreiben, dass im 4. Jahrhundert ein Mönch aus Indien dem 28. tibetischen König Lha Tothori Nyetsen eine Schatulle mit zwei heiligen buddhistischen Texten überreicht haben soll. Das sollte den ersten Samen für eine große Verbreitung des Buddhismus in Tibet setzen, was zur Folge hatte, dass im Laufe der Zeit die Vormachtstellung der Bön-Religion in Tibet deutlich schwächer wurde.

Dieses Mantra ist dem großen indischen Meister Guru Padmasambhava – dem Lotosgeborenen – gewidmet, der im 8. Jahrhundert den Buddhismus nach Tibet brachte. Der hochverehrte Begründer des tibetischen Buddhismus sagte schon zu seiner Zeit voraus, dass meine Landsleute dereinst ihre geliebte Heimat verlassen müssen und in alle Winde verstreut ihren Glauben praktizieren, ja ihn in die ganze Welt hinaustragen werden.

Es gibt eine wunderbare Weissagung von ihm, die lautet: »Wenn der Eisenvogel fliegt und die Pferde auf Rädern rollen, dann werden die Menschen aus dem Schneeland ihre Heimat verlassen müssen, und Dharma (die Lehre Buddhas) wird in die ganze Welt getragen werden.«

In den einfachen zwölf Silben des Vajra-Guru-Mantras ist die vollständige Essenz der Lehre Buddhas enthalten. Diesem Mantra spricht man enorme Wirkungskraft zur Harmonisierung der vier Elemente – Erde, Wasser, Feuer, Wind – zu sowie eine wertvolle Vorbeugung gegen Natur- und Hungerkatastrophen. Es ist auch ein außerordentlich wichtiges Mantra zur Friedensstiftung in Konfliktsituationen, da es den Bewusstseinsstrom der betroffenen Menschen positiv beeinflussen kann.

Wir alle sind immer wieder Konflikten ausgesetzt – sei es kleineren im Privatleben, mit dem Partner, Eltern und Kindern, den Nachbarn, unseren Chefs, ja selbst auch unter engen Freunden. Und was sich privat im Kleinen abspielt, geschieht auch im Großen in der Welt: Ob es um Akte der Gewalt gegen einzelne Menschen oder gar gegen ganze Völker geht, stets wird um etwas gestritten, jedes Mal geht es um Macht und Unterdrückung, um Unterwerfung und Ausbeutung. Auf den Höhepunkten der Eskalation schicken wir Vermittler oder rufen vor lauter Verzweiflung nach einer starken Hand, die wieder für Recht und Ordnung sorgen soll. Ob aus Angst um uns selbst, aus Feigheit oder aus Verzweiflung, wir schotten uns ab, verschließen die Augen vor dem Leid unserer Mitmenschen oder schützen uns damit, dass wir uns einreden, als Einzelne seien wir ohnehin machtlos gegen die brutalen Attacken der Mächtigen.

Dabei vergessen wir gern, dass auch wir ein Stück der Verantwortung dafür tragen, was um uns herum, was in der Welt geschieht: Unsere Begierden, unsere Ängste, unsere negativen Gedanken tragen dazu bei, dass Konflikte entstehen, dass die Elemente in Aufruhr geraten, dass wir uns fürchten und erstarren und so unfähig bleiben, statt aktiv zu handeln – getragen von Liebe und Mitgefühl.

Buddha hat uns eine wichtige Anleitung hinterlassen, die mich jeden Tag daran erinnert, was ich als einzelne Person dazu beitragen kann, um mein Leben für mich und andere lebenswert zu gestalten. Und im Wort »gestalten« steckt bereits drin, dass ich selbst aktiv mittun muss, denn das reine Aufsagen von Mantras allein reicht nicht aus. Nur weil wir Mantras aufsagen, werden wir nicht zu wunderbaren Menschen. Rezitieren, und sei es unendlich oft, bedarf der entsprechenden Gedanken und Handlungen, um die tiefe Wirkung zu entfalten. Ohne innere Anstrengung funktionieren selbst die schönsten Worte nichts, sie bleiben einfach nur schöne Worte, die wir, sollen sie ihre heilsame Wirkung entfalten können, mit Leben erfüllen müssen. Das kann uns niemand – nicht einmal Buddha persönlich – abnehmen.

Das Gute: Die Anleitung, die er uns hinterlassen hat, wird »Der Edle Achtfache Pfad« genannt und ist so etwas wie ein ausführlicher Tagesleitspruch, den jeder von uns verstehen und in seinem Leben, seinem Alltag umsetzen kann:

Der ACHTFACHE PFAD

1. Rechte Ansicht:

Ein aufrichtiges und unablässiges Bemühen, die wahre Natur des Daseins zu erkennen.

2. Rechter Entschluss:

Das Bestreben, dem oberflächlichen weltlichen Treiben zu entsagen und echte Güte und Mitgefühl zu entwickeln.

3. Rechte Rede:

Das Bemühen, unnützes und schädigendes Reden
aufzugeben und stattdessen die Rede positiv und
sinnvoll einzusetzen.

4. Rechtes Verhalten:

Das Bestreben, entsprechend den ethischen Regeln
zu leben und zu handeln.

5. Rechte Lebensführung:

Das redliche Bemühen, den eigenen Lebensunterhalt
auf ehrliche Weise zu verdienen und keinem anderen
dadurch zu schaden.

6. Rechte Anstrengung:

Das Bemühen, schädliche Gedanken zu erkennen,
zu überwinden und unseren Geist mit heilsamen
Gedanken zu kultivieren.

7. Rechte Achtsamkeit:

Das Bemühen, bei allen Handlungen unaufhörlich
höchste Achtsamkeit und Geistesklarheit walten
zu lassen.

8. Rechte Meditation:

Das Bemühen, regelmäßig und korrekt Meditation
zu praktizieren.

Meine Mutter begann jeden Tag mit diesen Leitsätzen, sie sprach sie für sich und gelobte, sie nach bestem Wissen und Gewissen zu erfüllen. Es sind tiefe Weisheiten, die sich alle auch im Vajra-Guru-Mantra wiederfinden, und es sind Wahrheiten, die einen immer wieder an die persönlichen Grenzen führen. Grenzen, die verhindern, dass wir tatsächlich nach ethischen Regeln leben; Grenzen, die uns aufzeigen, wie rasch wir uns von Klatsch und Tratsch verführen lassen und über andere schlecht sprechen; Grenzen, die uns vor Augen führen, wie oft wir auf Kosten anderer einen Vorteil erringen.

Solange wir jedoch achtsam bleiben und diese Grenzen erkennen, um sie in aufrichtigem Bemühen zu überwinden, befinden wir uns auf einem guten Weg.

Die Musik zum Vajra-Guru-Mantra

Die Musik zum Vajra-Guru-Mantra widmet sich ganz dieser großen und zugegebenermaßen schweren Aufgabe, uns ernsthaft auf den Achtfachen Pfad zu begeben. Sie beginnt mit den tiefen und tragenden Tönen eines Cellos, unterstützt von aufmunternden Klängen eines Streichensembles und den Tabla – kleine indische Handtrommeln; diese machen uns noch einmal bewusst, dass es nun um etwas sehr Essenzielles geht, für das wir all unseren Mut und unsere Entschlossenheit, aber auch unsere beschwingte Freude aufbringen müssen. Mag der Beginn des Aufstiegs sich zunächst noch leicht gestalten, so soll uns doch bewusst sein, dass wir eine tief greifende Entscheidung getroffen haben, wenn wir uns diesem Weg verpflichten. Von Anfang an begleitet der Chor meinen Gesang, denn auf diesem Weg braucht es jede Unterstützung, die sich anbietet, da die

Anfechtungen an jeder Kreuzung nur darauf warten, uns in eine andere Richtung, wenn nicht gar zur Umkehr zu drängen. Hinauf und hinauf führt uns der schmale Pfad, das Cello begleitet Schritt um Schritt, sein warmer Ton hüllt uns in Zuversicht, den Gipfel sicher zu erreichen. Und dann steht man oben und ist sprachlos ob der Weite des Himmels und der Weite der glitzernden Gipfel, und tief in sich selbst spürt man die nie gekannte Weite des Herzens, die alle Enge und Beklemmung hinter sich lässt. Zum Ausklang dieses Stücks hört man ein feines Wispern, das die älteste Geschichte der Welt noch einmal erzählt, denn sie ist zeitlos, sie ist immer da – das gute Omen.

Es war eine besondere Ehre für mich, dieses Lied für Seine Heiligkeit den Dalai Lama zu singen, als er im Juni 2003 in einer bis zum letzten Platz gefüllten Olympiahalle in München einen Vortrag hielt. Sein Anliegen, die Menschen für den Weltfrieden zu sensibilisieren, und seine Gebete für das Wohlergehen aller lebendigen Wesen vermitteln vielen von uns Mut, sich täglich darum zu bemühen. Dass er meine Lieder und meine Musik segnete, ebnet ihnen auf unnachahmliche Weise den Weg in die Herzen der Menschen, wofür ich unendlich dankbar bin.

Ich bewundere Seine Heiligkeit den Dalai Lama nicht nur als höchsten Dharma-Lehrer unserer Zeit, sondern vor allem für seine unermüdliche Friedensarbeit auf der ganzen Welt. Seine einzigartige Fähigkeit, die buddhistische Philosophie in einer entwaffneten Klarheit zu vermitteln, ist und bleibt unübertroffen.

Auf meinen Reisen nach Tibet habe ich festgestellt, dass es immer mehr und mehr Chinesen gibt, die eine große Wertschätzung für den tibetischen Buddhismus und für Tibet zeigen. Mit meiner Stimme und meiner Musik möchte ich, wo immer es nötig und möglich ist, einen offenen Raum der Versöhnung und der Verständigung zwischen zerstrittenen Personen, Gemeinschaften oder Nationenen kreieren, um Begegnungen von Herz zu Herz und jenseits von Missgunst, Hass und Aggressionen zu gestalten.

Ein wunderschönes Projekt, auf das ich – ehrlich gesagt – etwas stolz bin, ist das Album ASIAN JEWEL, das wir in Asien, beginnend in China, vorstellen werden, um mit den tibetischen Mantras und Friedensliedern die chinesischen Herzen zu erreichen. Da ich schon seit mehr als zwanzig Jahren auch eine begeisterte Tai-Chi-Chuan-Praktizierende bin, haben wir einige schöne Filmszenen mit dieser wunderbaren uralten chinesischen Bewegungsform in das Begleitvideo eingebaut.

Meinem Vater verdanke ich die Worte zu »Das Lied der Elemente«, das wunderbar zu diesem Mantra passt, denn es ist ein Aufruf an uns alle – Brüder wie Schwestern –, dafür zu sorgen, dass die anfangs angesprochenen Elemente in einem harmonischen Gleichgewicht bleiben. Wir teilen diesen Planeten Erde mit allen Lebewesen und sind deshalb auch aufgefordert, alles zu tun, um ihn zu schützen und zu bewahren. Die Worte zu diesem Lied teile ich gern mit all jenen, denen das Wohlergehen unseres Planeten Erde am Herzen liegt.

dschungwa sa tschu me lung,
ngom na mi yi sog ten,
trug na sog gi shä ma
tsche kyong thog sön tschi gö
pün da mi rig yong nä
gong ba sab sche nang dang

Die Elemente Erde, Wasser, Feuer und Wind,
Wenn sie im Gleichgewicht schwingen,
bilden sie die Basis unserer Existenz.
Wenn das Gleichgewicht und die Harmonie
gestört werden, werden sie zur Gefahr.
Lasst uns ein Leben im Einklang
mit den Elementen führen.
Lasst uns uns alle miteinander verbünden
und uns gemeinsam dafür einsetzen.

Der Klang der Mantras

Musik ist eine universelle Sprache, die auf der ganzen Welt verstanden wird. Vom ersten Atemzug an kommen wir mit Tönen in Kontakt, denn die Mütter aller Zeiten haben ihre Kinder durch das Summen von Tönen in den Schlaf gewiegt, sie getröstet oder beruhigt. Mögen manche Klänge beim ersten Hören auch noch so fremd sein, der Rhythmus packt irgendwann alle, und ob wir wollen oder nicht – der Körper meldet sich, beginnt zu schwingen, und am Ende erfüllt uns Klang von Kopf bis Fuß. In allen Kulturen und zu allen Zeiten haben die Menschen zusammen gesungen und musiziert; davon zeugen Funde von Instrumenten aus längst vergangenen Zeiten, und selbst als es noch kein Metall gab, haben die Menschen zum Beispiel am Strand gefundene Muscheln als Hörner benutzt oder mit Steinen und Hölzern rhythmisch getrommelt.

In seinem Buch »Tibetan Sound Healing« weist Lama Tenzin Wangyal Rinpoche darauf hin, wie wichtig das Singen der bestimmten Heilsilben ist und welche enorme Kraft diese in uns entfalten. In einer seiner vielen schönen Übungen erklärt er zum Beispiel, dass wir mit der Vibration, die durch das lang anhaltende und wiederholte Singen der Samensilbe »A« entsteht, Blockaden vollständig auflösen können, die durch starke negative Emotionen entstanden sind. Dafür müssen wir zunächst die belastenden Sorgen oder Gefühlszustände in unserer inneren Vorstellung ganz bewusst heranholen und sich auf der Höhe des Stirnchakras einfinden lassen. Dadurch machen wir sie buchstäblich »greifbar«. Sobald der erste Ton der Samensilbe einsetzt, spüren wir eine intensive Vibration im ganzen Körper. Die Kraft der Vibration lenken wir direkt zum Scheitelchakra, wo wir unsere Störung manifestiert haben, und spüren allmählich, wie sich der »Störenfried« mehr und mehr auflöst. Wir spüren, wie unsere wahre klare Natur wieder ihren Raum zurückgewinnt und sich unsere Ängste, Sorgen und Unsicherheiten auflösen.

Mein Vater Dagsay Rinpoche hat in seinen Meditationsseminaren für die Kursteilnehmer eingangs häufig ein Wunschgebet gesungen. Von der Tonlage her ist er ein Bariton, was vom ersten Ton an eine warme und beruhigende Wirkung erzielt. Obwohl die Leute die Bedeutung der einzelnen Worte gar nicht kannten, empfanden sie das gesungene Gebet als unglaublich kraftvoll und höchst entspannend, vielen von ihnen liefen gar Tränen der Rührung über die Wangen. Das zeigt mir sehr deutlich, wie groß das Bedürfnis der Menschen in der modernen Gesellschaft nach spirituellen Gebeten ist, die ihnen ein Gefühl des Verstandenseins, des Trostes und der Zuneigung schenken.

Will man überhaupt in diesen Begriffen denken, so würde man meine Stimme als Sopran bezeichnen. Die zum Teil sehr hohen Töne, die ich singe, gehören in den Bereich der Obertöne. Die Zusammensetzung der Obertöne macht das Charakteristische am Klang beziehungsweise der Klangfarbe der meisten Musikinstrumente aus: Je mehr Obertöne sie haben, die in sich stimmen, desto brillanter und auch reiner klingen sie. Wenn ich in meinem Kopf die ersten Ahnungen einer neuen Melodie empfinde, halte ich sie nicht im klassischen Sinn als

Noten fest. Vielmehr ist es so, dass sich die Töne stärker und stärker herauskristallisieren und sich festsetzen. Nach einer gewissen Zeit des Reifens treffe ich mich mit Helge van Dyk und summe ihm diese Melodien vor, und dann beginnt der eigentliche Prozess des Kreierens.

Helge van Dyk ist Musikproduzent, und es war eine glückliche Fügung, dass wir uns begegnet sind. Wir trafen uns im richtigen Moment, denn ich war auf der Suche nach einem neuen Produzenten, der das richtige Empfinden dafür mitbrachte, meine traditionellen musikalischen Wurzeln in eine modernere Fassung zu bringen. Die Stimmung, der Puls der ersten zehn Alben war eher ruhig und meditativ, dort hinein hatte ich alle meine Kraft gesteckt und war mir der Aufgabe bewusst, die Inhalte authentisch zu übermitteln. Nun war es an der Zeit, neue musikalische Wege zu beschreiten, und mein Mann Kalsang war der Ansicht, ich sollte mir einen Produzenten suchen, der einen zeitgemäßen Sound mit mir entwickeln könnte – passend für meine Stimmlage und meine Themen. Urs Weber, der seit Jahren meine Konzerte mischte und gehört hatte, dass ich auf der Suche nach einem Produzenten war, empfahl mir seinen Kollegen Helge van Dyk, einen Produzenten und Toningenieur, der für seinen innovativen Stil jenseits vom Mainstream bekannt ist.

»Wir haben über Gott und die Welt geredet, nur nicht über Musik«, erinnert sich Helge van Dyk an das erste Treffen mit mir im Oktober 2009 in einem Café. »Es entstand aber rasch eine Art von Verbindung, wie sie zwischen ernsthaften Musikern oft entsteht. Für Dechen wie für mich ist die Musik einerseits Beruf, andererseits aber mehr als das, eine – um es durchaus gewichtig auszudrücken – Berufung, der ich mich verpflichtet habe.«

Das Interesse an Musik in all ihren Facetten war dem Produzenten quasi in die Wiege gelegt worden: Als Sohn des renommierten Solopaukisten Dieter Dyk, der von 1969 bis 2006 im Tonhalle-Orchester Zürich spielte, war klassische Musik der Kokon, in dem er aufwuchs. Sein Großvater, der Tenor Hermann van Dyk, tourte mit seiner Frau und Pianistin Illy schon in den 1930er-Jahre quer durch Europa und zog alle Register von der Oper über die Operette bis hin zum »Wiener Lied« und Cabaret.

»Ich habe mich schon mit zwanzig Jahren intensiv mit östlicher Philosophie befasst, mich haben aber auch die afrikanische Musik und die indische Klangwelt inspiriert. Eine meiner großen Heroinnen ist beispielsweise Miriam Makeba, deren Stimme mich nach all den Jahren immer noch ganz unmittelbar erreicht, weil sie eine tiefe Wahrheit transportiert. Eine stimmige Heimat fand ich auch in der sogenannten »Black Music«, R&B und Soul Music. In vielen Musikrichtungen, ausgenommen Modern Jazz, spielen die Lyrics eine wichtige Rolle. In den Mantras geht es vielfach um Themen, die in jedem Leben – ob Ost oder West, Nord oder Süd – eine tragende Rolle spielen, in den Gospeln ist das ebenso der Fall. Auch in christlichen Gebeten geht es häufig um die gleichen Anliegen, um Schutz vor Gefahren, um Zuversicht und Hoffnung.«

Das Phänomen Dechen, meine Wirkung auf die Konzertbesucher, erklärt der Komponist mit meiner ehrlichen und authentischen Art, in der ich meine Mantras dem Publikum vortrage.

»Zum ersten Mal live habe ich Dechen in einer Kirche gehört, und das war wirklich erstaunlich: Diese klare, helle Stimme lässt die Zuhörer in eine Welt eintauchen, die man nur über die emotionale Ebene verstehen kann. War es so intensiv, weil sie in diesem sakralen Raum sang? War es so berührend, weil sie von einem Sitar-Spieler begleitet wurde? Als Berufsmusiker kann ich Musik hören und zugleich analysieren, wie sie konstruiert ist, welche innere Struktur sie besitzt und was mich daran erreicht oder warum eben gar nichts in mir passiert. Dechen ist 1:1, sie verstellt sich nicht, die macht nichts, um zu wirken, um quasi beim Publikum ›anzukommen‹, sie ist total authentisch. Es ist ein ganz eigentümlicher Zauber, der von ihr ausgeht, und nach diesem Erlebnis war mir klar, dass ich mit ihr arbeiten wollte.«

Wir haben unser erstes Album »JEWEL – Joyful Heart through precious Tibetan Mantras« genannt und uns schon damals vorgenommen: »Let's jewel the world.«

Und dass wir nun mit dem gleichnamigen Ensemble nicht nur die CD-Produktion auf die Beine stellen, sondern dazu erstklassige Musiker gewinnen konnten, ist schon ein enormes Glück und bedeutet mir sehr viel. Mit diesen Musikern auf der Bühne zu stehen, die alle aus der klassischen Welt kommen und die zugleich eine Offenheit für meine Welt mitbringen, ist sicher einzigartig, denn da treffen wirklich verschiedene Weltanschauungen aufeinander – wobei, und das ist das Besondere, eigentlich verbindet die Menschen mehr, als sie trennt. Jeder möchte verstanden und angenommen werden, jeder sucht Schutz und Ruhe – lediglich die Wege dazu mögen verschieden sein. In der gemeinsam entwickelten und gespielten Musik fließt dann alles zusammen, und es entsteht diese mit Worten kaum zu beschreibende Schwingung, die sich als positive Energie auf das Publikum überträgt.

Beobachtet man die Künstler auf der Bühne – van Dyk spielt im JEWEL-Ensemble als Pianist, Vater Dieter Dyk ist als Percussionist dabei, am Cello ist Daniel Pezzotti zu hören, und für die Flöten sowie die japanische Shakuhachi konnte Jürg Zurmühle gewonnen werden –, spürt man die Verbindung zwischen den Musikern, die nicht nur auf die Erfahrung als professionelle Performer allein zurückzuführen ist.

Die Kombination der uralten Mantras, ihre Bedeutung in der tibetischen Kultur wird von den JEWEL-Mitgliedern hoch geschätzt; mit ihrer eigenen Musikalität, die Komponist Helge van Dyk in feine Bahnen lenkt und ihnen viel Freiraum für ihre eigenen Imaginationen lässt, entsteht eine zusätzliche Ebene der Verständigung, die sich unmittelbar auf das Publikum überträgt. In dieser Verbindung ist die Idee des Brückenbaus keine Absichtserklärung, sondern gelebte, klangvolle Realität.

Van Dyk vertiefte sich in die Texte der Mantras, sprach die Silben für sich, um den ihnen innewohnenden Rhythmus zu erfassen und jenen zu finden, den er in »seine Sprache«, die Töne, übersetzen konnte.

»Diese Silben sind mehr als 2500 Jahre alt, sie haben eine Resonanz, die sie auch aussenden. Sie sind auf eine ganz bestimmte Art pur, absolut rein. Somit war für mich klar, dass ich keine technischen Tricks verwenden will, dass keine künstliche Brillanz durch ein entsprechendes Instrument aufgesetzt werden darf, sondern ich musste eine Begegnung zwischen Sängerin und Komposition herstellen. Hermann Hesse drückt es in seinem Buch ›Das Glasperlenspiel‹ sehr schön aus: Musik entsteht aus einem ebenbürtigen Verhältnis. Das war mein Bestreben mit dem Album, und ich glaube, das ist uns allen gut gelungen.«

Von Anfang an stand die Idee im Zentrum, moderne Musik zu komponieren, ohne den traditionellen Charakter der Mantras zu verlieren. Keine leichte Aufgabe, denn der Grundrhythmus asiatischer Musik ist völlig verschieden vom europäischen. Der Produzent vertiefte sich in die Strukturen der verschiedenen Musikstile, hörte gregorianische Gesänge, Kopfsänger aus der Mongolei, Naturjodler aus der Schweiz und erkannte rasch die Gemeinsamkeit – klare Töne, die auch in der Natur selbst zu finden sind.

»Als ich mit der Arbeit an JEWEL begann, habe ich jeden Morgen ein Chanting von Mönchen gehört, um mich ganz bewusst in diese kreative, kraftvolle Stimmung zu versetzen, die man am ehesten als eine bestimmte Schwingung beschreiben kann. Es ist eine Vorbereitung des Raumes, in dem etwas geschehen kann, in dem sich eine Inspiration in Ruhe entfalten kann.«

Immer wieder taucht der Begriff »Raum« auf, wenn Helge van Dyk über Musik spricht. Inspirierend sind für den Komponisten denn auch Räume, die von innovativen Architekten gestaltet wurden. Und genauso geht auch er vor, wenn er mit Tönen den Raum baut, den ich mit meiner Stimme zum Klingen bringe.

»Architekten haben vier Wände, Fenster, Decken und Böden, und die Herausforderung besteht darin, Räume zu erzeugen, in denen man sich gerne aufhält, Lebensräume im ursprünglichsten Sinne. Mir stehen dafür zwölf Töne zur Verfügung. Ich wähle eine Klangfolge, die das in Musik übersetzt, was die Texte vermitteln wollen. Mit den Tönen gestalte ich Zimmer, in denen das Licht ebenso seinen Platz findet wie die Dunkelheit, in denen man atmen kann, in denen man fröhlich sein darf, die einen behausen und in denen man am Ende eines langen Tages die benötigte Ruhe findet.«

Wenn nicht nur das Konzertpublikum, sondern international anerkannte Kollegen sich für einen Auftritt eines Künstlers interessieren und dieser schließlich zustande kommt, weiß man, dass man eine ganz besondere Wertschätzung erfährt.

Diesen Glücksmoment erlebte auch das junge JEWEL Ensemble im November 2011 mit einem Anruf aus New York: Philip Glass – einer der wichtigsten amerikanischen Komponisten der Gegenwart – lud zu einem Konzert in der Carnegie Hall.

Es ist sicher angemessen, diesen Auftritt als ein Highlight in der bisherigen Karriere des Ensembles zu bezeichnen, nicht zuletzt, wenn man als Sängerin zusammen mit Größen wie dem kürzlich verstorbenen Singer-Songwriter Lou Reed, der Performance-Künstlerin Laurie Anderson oder Philip Glass selbst einen Abend in diesen »heiligen Hallen« gestalten kann.

Und auch der Ausnahmekünstler Philip Glass zeigte sich beeindruckt von mir: »I was very pleased to be able to present Dechen Shak at Carnegie Hall for this year's annual Tibet House concert. Her singing is always beautiful and most personal. When inspired by Buddhist texts she conveys a profound and deep understanding of their meaning. I found audiences carried away by the elegance and simplicity of her music and presence. The excellent musicians who provide the musical setting for her do so with a rare and remarkable understanding – quite an accomplishment in itself.«

Es war schon großartig, als Lou Reed nach unserem Auftritt zu mir kam und meinte: »Your singing is exquisite. Carnegie Hall is the right place for you to sing.« Das ist für mich ein enormer Ansporn, meinen und Helges Vorstellungen von musikalischer Entwicklung und dem persönlichen Weiterwachsen als Künstlerin immer mehr zu entsprechen.

Eine Gelegenheit dazu wird sich ergeben, wenn ich mit meinen Musikern einen wichtigen Schritt unternehme: Mit der neuen Produktion DAY TOMORROW werde ich mich mit starken Texten meines Vaters Dagsay Rinpoche zum Thema Nachhaltigkeit zu Wort melden.

Helge und ich sind noch damit beschäftigt, im Real World Studio von Peter Gabriel in England das Album fertig zu mischen, und ich kann nur so viel verraten: Es wird unglaublich schön und kraftvoll. Es wird viele Menschen, nicht nur meine bisherige Hörerschaft, aufhorchen lassen und neugierig machen. Mit der unverkennbaren musikalischen Handschrift von Helge ist es uns gelungen, ein Album mit vielen bedeutungsvollen Aussagen zu kreieren, aber auch mit Stücken, die vor Lebensfreude nur so sprühen. Ich singe erstmals wunderschöne Liebeslieder, unter anderem jene aus der Feder des 6. Dalai Lama, Tsangyang Gyatso (1683–1706), der für seine unkonventionelle Lebensführung im Potala-Palast bekannt war. Er liebte nicht nur den Wein und die Gesellschaft schöner Frauen, sondern war auch ein hervorragender Dichter und ein hohes verwirklichtes Wesen. Der 6. Dalai Lama hinterließ eine Reihe der schönsten tibetischen Gedichte, die vom Volk auch heute noch mit Begeisterung gelesen werden.

Anders als alle bisherigen Alben ist die Musik sehr dynamisch und modern, stellenweise geradezu gewagt unkonventionell, um Aufmerksamkeit zu erzeugen und eine zentrale Botschaft für die Welt zu transportieren. Das aus meiner Sicht sehr wichtige Thema ist die Nachhaltigkeit unseres Seins und unseres Schaffens. So, wie wir die Schöpfer unseres eigenen Karmas sind, sind wir auch verantwortlich für den Schutz und die Erhaltung unseres Planeten und die sorgfältige Nutzung der uns geschenkten Ressourcen. Wir Menschen werden aber nur mit der Erde und den Ressourcen vernünftig und weise umgehen können, wenn wir mit uns selbst im Einklang sind. Ein zufriedener, ausgeglichener Mensch sucht seine Bestätigung weniger in materiellen Anschaffungen und ist genügsamer. Mag sein, dass ich in dieser Beziehung zu hoffnungsvoll bin, zu naiv – aber wenn immer mehr Menschen mehr Zufriedenheit und Glück in ihrem Inneren suchen würden statt in Konsumgütern, sähe unsere Umwelt bedeutend gesünder aus. Vor allem aber würde durch mehr Zufriedenheit und inneren Frieden im einzelnen Menschen die Gefahr für Konflikte und Kriege bedeutsam reduziert werden. Kein glücklicher Mensch kommt auf die Idee, einen Krieg anzuzetteln. Denn der Wunsch nach Glück und einem langen Leben ist in jedem von uns vorhanden. Ganz im Sinne von »Creating our Karma toDAY for a better TOMORROW«.

Die Mantras III

»Ein Mantra ist für mich wie der Schlüssel, der das Tor zu jenem Raum öffnet, in dem sich der grösste denkbare Schatz für uns befindet. Es ist der Schatz der leuchtenden Gewahrsamkeit, der wie ein funkelnd strahlender Juwel unsere innere Welt erhellt und uns erfahren lässt, dass wir weit mehr sind als nur ein materielles Wesen.«

Dechen Shak-Dagsay

MEDIZINBUDDHA

Das Mantra

TEYATHA,
M BEKANDZE, BEKANDZE
MAHA BEKANDZE, BEKANDZE
RANDZA SAMUNGATE SOHA

So in dieser Art,
Medizinbuddha, befreie mich vom Schmerz,
befreie mich vom großen Schmerz, der im Geist liegt,
Königlicher, vollkommener Erhabener, so sei es.

Tibet ist vermutlich schon allein aufgrund seiner besonderen Lage ein Land mit vielen Schamanen – nirgendwo war die Menschheit in ihrer Entwicklung auf die Kraft der Natur und die Beobachtung so sehr angewiesen wie in diesem weit von allem entfernt gelegenen Hochland mit rund 2,5 Millionen Quadratkilometern. Begrenzt im Süden und Westen vom Himalaja, den osttibetisch-chinesischen Randketten im Osten, erstreckt sich Tibet auf einem Plateau auf 4500 Metern und gilt als die höchstgelegene Region der Welt. Rund sechs Millionen Menschen, die sich als Tibeter bezeichnen, leben auf diesem »Dach der Welt«.

Die Naturschätze meiner Heimat faszinieren die Menschen auf der ganzen Welt: Viele der insgesamt 14 Achttausender befinden sich in Tibet, und die Quellen der großen Flüsse Indus, Brahmaputra, Sujlet, Salween, Mekong, Yangtse und Gelber Fluss entspringen in Tibet, weshalb die Heimat meiner Vorfahren auch das Wasserschloss Asiens genannt wird. Die Temperaturen können im Sommer bis 30 Grad und im Winter bis zu 50 Grad minus aufweisen. Tibet liegt zwischen dem 28. und dem 30. Breitengrad, etwa auf der gleichen Höhe wie Casablanca. Das an Bodenschätzen wie Uran, Erdöl, Kohle, Gold, Silber, Eisen, Chrom, Nickel, Zink, Blei, Lithium, Magnesium, Grafit, Schwefel, Türkis, Jade, Borax und nicht zuletzt Salz reiche Gebiet erstreckt sich von Norden nach Süden auf 1300 Kilometern und von Osten nach Westen auf 2600 Kilometern.

Der Großteil der Bevölkerung lebt sehr einfach, viele ziehen mit ihren Herden umher, und nur die wenigsten verfügen über die Mittel, um einen Arzt in der Stadt zu konsultieren. Wenn sie krank sind oder von Sorgen geplagt werden, suchen diese Menschen kundige Mönche oder Nonnen in einem Kloster auf und bitten diese, für sie Rituale durchzuführen und zu beten, oder sie konsultieren einen der zahlreichen Ngakpa – spirituelle Laienpriester –, deren Grundsatz lautet, alle Spiritualität in den Alltag zu integrieren und alle Herausforderungen des Lebens als Chance zur Weiterentwicklung zu betrachten. Die Gründung der Ngakpa-Tradition geht auf den bereits erwähnten König Trisong Detsen zurück. Nach wie vor leben sie inmitten der Bevölkerung und leisten wichtige Beiträge zu Erziehung und Kultur.

Jedes Mal, wenn ich in Tibet bin, wird mir eindrücklich vor Augen geführt, dass nur die Stärksten der Höhe, den Winden, der Kälte und der Rauheit des Klimas gewachsen sind. Ich staune immer wieder über die Fähigkeit meiner Leute, wie sie die Strapazen der enormen Höhe ertragen. Das gilt natürlich auch für die Pflanzenwelt und bedeutet, dass nur die stärksten aller Pflanzen auf dieser Höhe gedeihen und dass die vielfältigen Medizinkräuter dieses Hochlandes besonders große Heilkräfte besitzen, die man sonst nirgends auf der Welt findet. Die tibetischen Ärzte sagen gerne, sie müssten gar nicht in eine Stadt, um irgendwelche Heilmittel zu kaufen, ihre ganze Apotheke eröffne sich ihnen in der reinen Natur Tibets, gleich vor ihrer Haustür.

Anfänge der tibetischen Medizin

Auch die tibetische Medizin geht in ihren Ursprüngen auf einen Ngakpa zurück, sein Name ist Yuthok Yongten Gonpo der Ältere (708–833 n. Chr.). Er wurde in eine Familie von Ärzten geboren und begann in frühen Jahren, nachdem er Belehrungen und Übertragungen von seinem Vater erhalten hatte, damit, Medizin zu praktizieren. In Gesellschaft seines Vaters unternahm Yuthok ausgedehnte Reisen nach Tibet, China und Indien. Während dieser Zeit studierte er Ayurveda und den Buddhismus und sammelte viele Texte, die er nach Tibet zurückbrachte. Die Ergebnisse seiner Studien und Forschungen fasste er in seinem Werk, dem berühmten Text »Gyü shi« (»Die vier Tantras«), zusammen, das als der wichtigste medizinische Text Tibets angesehen wird und noch heute als Grundlage aller Kenntnisse und Praxis der tibetischen Medizin dient.

Im Jahr 763 n. Chr. gründete Yuthok Yonten Gonpo der Ältere Tibets erstes medizinisches Institut, das Manlung Tanadug genannt wurde. Unter seiner Leitung absolvierten 300 Ärzte diesen Studiengang, und er sandte seine Absolventen durch ganz Tibet, um medizinische Hilfe zu leisten und um die Wissenschaft der tibetischen Medizin bekannt zu machen und zu fördern. Er wurde zunächst Arzt des tibetischen Königs Me Agtsom und später der Leibarzt von König Trisong Detsen. Weil er sein ganzes Leben hingebungsvoll der Entwicklung der tibetischen Medizin gewidmet hatte, wurde er als Emanation des Medizinbuddhas angesehen, und viele tibetische Ärzte rufen ihn heute noch in ihrer Heilpraxis an.

Die tibetische Medizin ist eigentlich das »Wissen des Lebens«, das seinen Ursprung in der uralten Bön-Tradition hat, die bereits 600 bis 700 v. Chr. in Tibet praktiziert wurde. Während im Westen die Alchemisten bereits in der Antike nach Möglichkeiten der Reinigung des Geistes suchten (z. B. Empedokles, um 495–435 v. Chr.; er führte die Lehre von den vier Urstoffen ein, wonach alles Sein aus den vier Elementen Feuer, Wasser, Luft und Erde besteht, die für das naturwissenschaftliche Weltbild der Antike maßgeblich wurde und auch die Medizin beeinflusste) und Forscher wie Paracelsus oder Galen mit ihren Studien an Körpern erste chirurgische Techniken entwickelten und ein umfassendes medizinisches Vokabular vorlegten, stützten sich die Tibeter vor allem auf die Beobachtung der Natur und der Umwelt. Mit ihrer Entdeckung der dem Menschen innewohnenden Energie und der Zuordnung von deren Bedeutung legten sie die Basis für eine Heilkunst, die auch im Westen nach und nach auf Interesse stieß.

Die tibetische Medizin geht davon aus, dass die von Buddha beschriebenen 84.000 Krankheiten in 404 Krankheitsbilder eingeteilt werden können. Gemäß den Überlieferungen haben 101 Krankheiten ihre Ursache im Karma unserer letzten Leben; 101 Krankheiten werden durch das jetzige Leben verursacht, 101 Krankheiten werden von inneren Geistern ausgelöst und gelten als typische Nervenkrankheiten, und 101 Krankheiten sind oberflächlicher Natur, die man durch gesunde Ernährung und richtige Lebensführung wieder in den Griff bekommt.

Die drei Geistesgifte

Nach den Erkenntnissen der tibetischen Medizin wird der Mensch krank, wenn sein Geist nie zur Ruhe kommt. Ein in sich ruhender, klarer Geist ist weniger anfällig für Krankheiten als ein unruhiger, von Sorgen geplagter Geist. Wenn wir über längere Zeit starken Emotionen wie Unsicherheit, Angst, Wut, Neid ausgesetzt sind, die ihre primäre Ursache in den drei Geistesgiften Gier, Hass und Unwissenheit haben, wirbeln diese aufgewühlten Emotionen das Gleichgewicht der drei Säfte »Lung« (Wind), »Tripa« (Galle) und »Bekhen« (Schleim) durcheinander. Diese Säfte kann man als subtile Körperenergien verstehen, die den ihnen zugeordneten Sitz im Körper verlassen und in andere Bereiche überlaufen, was zu körperlichen Symptomen führt; bleiben die ursächlichen Störungen unbehandelt, manifestieren sie sich als Krankheiten.

So kann zu viel negative Geisteshaltung aufgrund von Gier spezifische »Lung«-Störungen hervorrufen. Negative Gefühle, die aufgrund von Hass entstehen, bringen das Gleichgewicht von »Tripa« durcheinander, und Gefühle, aufgewühlt durch Unwissenheit, stören die Harmonie von »Bekhen«.

Es gibt insgesamt acht Medizinbuddhas, wovon der historische Buddha einer ist, da seine Lehre zur Befreiung von Leiden für die Menschen die beste Medizin darstellt. Die Tibeter sind der Überzeugung, dass zur gänzlichen Heilung des Körpers deshalb auch die Heilung des Herzens wichtig ist. So betrachtet man den Buddha als unseren Arzt, seine Lehre als die Arznei für unseren Geist und die höchste Gemeinschaft als Krankenpfleger, die uns dabei unterstützen, unseren Geist zu pflegen und gesund zu erhalten.

In den Stunden tiefster Verzweiflung und Not greifen wir Menschen nach jedem Strohhalm. Dies trifft besonders zu, wenn wir von einer schweren Krankheit erfahren, die uns von einem Moment auf den anderen aus unserem Alltag hinauskatapultiert. Das Medizinbuddha-Mantra hilft uns zu erkennen, dass sich ein ausgeglichener Geist positiv auf unsere körperliche Verfassung auswirkt. Gemäß buddhistischer Auffassung entsteht Krankheit, wenn wir über längere Zeit starken Emotionen wie Angst, Zweifel, Wut, Neid usw. ausgesetzt sind. Diese Emotionen lösen negative Gedanken aus, sie setzen sich buchstäblich im Körper fest und lassen uns alles dunkel, trost- und hoffnungslos sehen, unsere positive Ausstrahlung löst sich quasi in Luft auf, und wir finden keine Möglichkeit, uns wieder aufzurichten und zu handeln. Die Kraft des Medizinbuddha-Mantras ist so groß, dass auch die primären Ursachen von Krankheit, die in den drei Geistesgiften liegen, vollständig gereinigt werden.

In der Mitte des tibetischen Lebensrades, das den Kreislauf der ewigen Wiedergeburt – Samsara – darstellt, werden die drei Geistesgifte, die Leid und Krankheit bewirken, als Tiere abgebildet: Gier (Hahn), Hass und Aggression (Schlange) und Verblendung, Unwissenheit (Schwein).

Laut unserer Philosophie sollte sich jeder Mensch darum bemühen, die Befreiung von diesen Giften zu erlangen. Ausgehend davon, dass wir den Geist und damit unsere Gedanken reinigen können, bitten wir durch die Mantras um entsprechende Heilung und Schutz vor diesen Verschmutzungen unseres Geistes. Das wirksamste »Gegengift«, das ich in meinem Leben je erfahren habe, sind Liebe und Mitgefühl.

Meine Mutter, der ich unendlich viel an Wissen zu verdanken habe, die mich mit ihrer Hingabe für unsere Kultur zutiefst beeindruckte, diese wunderbare Frau, die bereits im Alter von 59 Jahren auf ihre große Reise ging, haben wir mit den Mantras in der Zeit ihrer schweren Krankheit begleitet. Als praktizierende Buddhistin trat sie voller Zuversicht und Vertrauen in das Reine Land von Buddha Amidaba, einen paradiesähnlichen Bereich frei von jeglichem Leid. Unser Vater war bis zum letzten Atemzug bei ihr und hat die Gebetsrituale durchgeführt, damit ihr Geist ruhig in die andere Welt eintreten konnte.

Es war für uns alle ein tiefer Einschnitt in unser bis dahin beschauliches Leben. Unsere Mutter war für uns der Inbegriff von Stärke und Gelassenheit, vereint in einer Person. Bis heute bewundere ich ihre Anmut und Gelassenheit selbst in dieser schweren Zeit. Sie, die ihr Leben und Wirken in den Dienst ihres Heimatlandes gestellt hatte, die mit der Hilfe vieler Freunde ein Krankenhaus in Chokri ins Leben rief und dafür sorgte, dass das niedergebrannte und von den Chinesen zerstörte Kloster gleich neben dem Krankenhaus wieder aufgebaut wurde, hatte ihre Aufgabe erfüllt, die schon als junges Mädchen in ihr sichtbar geworden war: Das wilde Mädchen, das lieber ein Junge gewesen wäre, kannte keine Angst. Bei den Bediensteten und armen Bewohnern im Dorf war sie bekannt dafür, immer großzügig Geschenke zu verteilen. Sie gab den Bettlern zu essen und liebte es, an die zahlreichen Bediensteten haufenweise Geschenke zu verteilen. Ihr Vater gab ihr sogar den Übernamen »König Drime Kündä«; damit ist ein indischer König gemeint, von dem man erzählte, dass er so mitfühlend mit seinen Mitmenschen war, dass er sogar ein gesundes Auge geopfert hätte, um einem anderen sein Augenlicht zurückzugeben.

Wir Tibeter glauben, dass die Lebenszeit eines jeden Menschen vorherbestimmt ist, dass jedem von uns eine gewisse Lebensspanne gegeben ist. Wird jemand krank, dann lassen wir mittels der tibetischen Astrologie ausrechnen, ob die Lebensspanne erreicht oder ob diesem Menschen noch Zeit gegeben ist. Zeigt es sich, dass dieser Mensch seine Zeit noch nicht verbraucht hat, setzen wir verschiedene Gebetsrituale ein, um das Leben zu verlängern.

Jeder Wissenschaftler würde nun heftig widersprechen, und das kann ich gut verstehen, denn wir sprechen hier nicht von harten Fakten, sondern von einer Tradition und einer Kultur. Käme ich persönlich oder ein Mitglied meiner Familie oder einer meiner engen Freunde an diesen Punkt, dann würde ich diese Berechnung in Anspruch nehmen. Für mich ist es sehr wichtig, die uns geschenkte kostbare Zeit im guten Sinne zu nutzen, denn wenn ich beispielsweise erfahre, dass die Lebensspanne erreicht ist, sich das persönliche Erdendasein erfüllt hat, kann ich die verbleibenden Stunden dazu verwenden, in mein Schicksal einzuwilligen und mich darauf vorzubereiten, gut zu sterben, diese irdische Welt in Frieden mit mir und meiner Aufgabe zu verlassen, um auf dem Pfad der Erleuchtung weiterzugehen.

Die Musik zum Medizinbuddha-Mantra

Die Melodie zum Medizinbuddha-Mantra ist zu mir als Geschenk gekommen. Inspiriert von der Kraft der Worte habe ich mich nach einer intensiven Meditation innerlich bereit gefühlt, um die in mir schwingenden Töne und die Heilsilben zusammenzufügen. Das Medizinbuddha-Mantra wird besonders intensiv rezitiert, wenn sich große Naturkatastrophen ereignen. Während der Produktion an JEWEL erinnerten wir uns wieder an das große Erdbeben in Sichuan im Jahr 2008, bei dem mehr als 80.000 Menschen ums Leben kamen und über fünf Millionen obdachlos wurden und das uns zutiefst erschüttert hatte. Damals sangen viele, viele Mönche dieses Mantra speziell für die Opfer dieser Katastrophe.

Das ganze Ensemble war beeindruckt, dass es für solche Ereignisse ein Lied gibt, das zur Heilung beitragen kann, dass die Töne dieses Mantras die vom Erdbeben in Aufruhr versetzte Natur wieder zu beruhigen vermag, sodass alles wieder sanft schwingen kann, wieder ruhig gleiten, bis die große Ruhe wieder gegeben ist. Wir haben allerdings nicht nur auf energetischer Weise Unterstützung geboten, sondern zusammen mit meinen damaligen Musikern habe ich mit dem in der Schweiz lebenden chinesischen Olympiasieger und Weltmeister am Pauschenpferd, Donghua Li, mittlerweile einem guten Freund, ein Benefizkonzert gegeben, um unser aufrichtiges Mitgefühl für die von dieser Tragödie betroffenen Menschen und ihr Leid zu bekunden. Es kamen viele Menschen, und ich glaube, wir haben alle ein wunderbares Zeichen der Versöhnung und des Friedens gesetzt.

Am Anfang ist nur klare Stimmung, die Musik ist so gesetzt, als würde man sich nun hinauswagen in die freie Natur, die unendlich schön ist und einem dadurch schier den Atem raubt, die zugleich aber auch gefährlich sein kann. Die schwebenden Töne, die sich ganz langsam wie ein Vogel nach oben schrauben, um die Öffnung des Herzens zu vollziehen, hat der Komponist Helge van Dyk auf das Klavier übertragen und in eine Komposition verschiedenster Instrumente gebracht, die mich sehr glücklich macht. Ihm ist es gelungen, die Worte in musikalische Bilder zu übertragen, denen man mit Freude folgt. Und so geschieht es jedes Mal von Neuem, dass ich beim Singen dieses Mantras meine ganze Hingabe entfalten kann, denn der kleine Vogel steigt und steigt. Zugleich wird er von zarten Schlaginstrumenten unterstützt, während er sich respektvoll dem Himmel nähert. Schicht um Schicht durchstößt er mutig die Wolken, der kleine Vogel schaut nicht zurück, er vertraut auf die Stärke seiner Schwingen und die göttliche Energie, die ihn hoch und immer höher trägt. Der Wind ist sein Freund, er hält sich zurück, er nimmt die vollen Backen und bläst alle Hindernisse weg. In der Weite des Himmels wird der kleine Vogel seine Richtung nicht verlieren, die Luft trägt ihn, die Sonne schickt ihre wärmenden Strahlen, auf deren lichtvollen Bahn er seinen Weg ins Zentrum der alles umfließenden Liebe zuverlässig findet.

Um die tiefe Bedeutung dieses Medizinbuddha-Mantras, das zu den wirkungsvollsten zählt, zu erleben, habe ich für die Schüler in meinen Mantra-Workshops eine äußerst persönliche Übersetzung »Wort für Wort« vorgenommen, wobei stets zu berücksichtigen ist, dass viele Übertragungen in die westliche Sprache nicht nur vom Sprachgefühl der übersetzenden Person abhängen, sondern auch davon, in welchem kulturellen Umfeld sie aufgewachsen ist. So kann es durchaus sein, dass nicht jede

Übersetzung beim Leser auch direkt seinem ästhetischen Empfinden entspricht, dass er oder sie selbst ein anderes Wort wählen würde; das nimmt der sinngemäßen Übersetzung jedoch
nichts von ihrer Wirkung. Hier nun meine »westlichen« Worte
für das lange Medizinbuddha-Mantra:

OM NAMO
BHAGAVATE, BESHIAJIE,
GURU BEDURYA, PRABHA RAJAYA,
TATHAGATAYA
ARHATE SAMYAKSAM BUDDAYA
TEYATHA
OM BEKHANDZE, BEKHANDZE
MAHA BEKHANDZE, BEKHANDZE
RAJA, SAMUNGATE SOHA

Vor dem reinen Körper, Rede und Geist
des Medizinbuddhas verneige ich mich,
vor dem, der alles Negative überwunden und
das Positive verwirklicht hat, Medizinbuddha,
Lapislazulifarbener Lehrer, König des Lichtes,
der in die Soheit gegangen ist, Feindbezwinger und
vollkommen Erleuchteter Buddha,
so in dieser Art.
Om, bitte nimm den körperlichen Schmerz,
nimm den geistigen Schmerz.
Oh, bitte nimm die Ursachen des Schmerzes,
die im Geist liegen,
Königlich Erhabener, Dein Segen soll bleiben.

✿ ✿ ✿

Auf Tibetisch nennt man den Medizinbuddha »Sangyä Mänla«, und man erkennt ihn an seiner dunkelblauen Körperfarbe. Er verkörpert den heilenden Aspekt sämtlicher Buddhas, und sein Mantra heilt Krankheiten des Körpers und des Geistes. Es wird von den tibetischen Ärzten zur Intensivierung der Heilkräuter praktiziert, die sie ihren Patienten verabreichen, und um die ureigenen Heilungskräfte der kranken Person zu aktivieren. In dem Moment, in dem eine kranke Person ihr Herz öffnet, kann die Lebensenergie wieder ungehindert fließen, und der Heilungsprozess kommt in Gang. Die tibetischen Ärzte behandeln die Krankheit nicht nur punktuell, sondern sie versuchen, die körperliche und geistige Gesundheit wieder ins Lot zu bringen. So werden dem Kranken nebst den Heilkräutern und Pillen nicht selten auch eine gewisse Anzahl von Mantra-Rezitationen oder spirituelle Niederwerfungen vorgeschrieben, um den Geist zu beruhigen und die drei Gifte des Geistes, die gemäß der tibetischen Medizin die primäre Ursache von Krankheit darstellen, zu neutralisieren.

Dieses Mantra gilt aber auch als das kraftvollste Mittel, um eine positive Wiedergeburt zu erlangen: Hört man das Medizinbuddha-Mantra auch nur einmal im Leben – so glauben die Tibeter –, kann es vor einer Wiedergeburt in den drei negativen Bereichen schützen. Wir glauben sogar daran, dass man es auch für die Verstorbenen sprechen kann, um sie auf ihrem Weg zu begleiten und ihnen Zuversicht und Wärme zu spenden. Es bewirkt, dass sie schnellstmöglich in einen positiven Bereich eintreten können, falls ihre Seele noch in einem der negativen Bereiche herumirren sollte.

Meine Vorfahren mussten auf einer Höhe von mehr als 4000 Metern über dem Meer in einer kargen Landschaft überleben. Sie hätten das nicht ohne gelegentlich etwas Fleisch in ihrer

Suppe geschafft. Deshalb hat uns unser Vater dazu angehalten, für jedes Tier, dessen Fleisch wir gegessen haben, mindestens drei Mal das Medizinbuddha-Mantra zu sprechen und damit für eine gute Wiedergeburt für das verstorbene Tier zu beten. Dazu möchte ich aber festhalten, dass es einen deutlichen Unterschied gibt: Damals war es für unsere Ahnen etwas sehr Kostbares, ab und zu Fleisch essen zu können. Heute ernähren sich die Menschen mit Fleisch, ohne dem Tier Wertschätzung entgegenzubringen. Das ist eine sehr traurige Entwicklung, die ihre Auswüchse in lieblosen Massentierhaltungen findet. Das Leiden dieser Tiere geht mir sehr zu Herzen, denn es ist furchtbar.

Wie bedeutend ein solches Gebet sein kann, schildert die folgende Anekdote, die mir mein Großvater erzählte und die mir jedes Mal den Ansporn bietet, dieses Mantra für alle Tiere zu sprechen.

Vom Schaf und seiner Befreiung aus dem Samsara

Auf einer Weide gab es einmal ein Schaf, das furchtbar traurig war und weinte, da es spürte, dass man es bald schlachten würde. Ein anderes Schaf tröstete es und meinte, es müsse nicht traurig sein. Im Gegenteil, sie alle könnten sich glücklich schätzen, denn sie gehörten zur Herde des Klosters. Wenn ihr letzter Tag gekommen war, hätten sie das Glück, dass die Mönche für sie ein Mantra sprechen und sie dadurch sofortige Befreiung erlangen würden. Und das kluge Schaf sprach weiter: »Sterben werden alle Wesen einmal. Kein einziger Mensch, kein einziges Tier lebt ewig, alle müssen einmal sterben. Nur wenigen ist es jedoch vergönnt, dass die Hinterbliebenen für sie diese Mantras sprechen.« Das Schaf war beruhigt und hatte keine Angst mehr vor dem Schlachthof. Es wurde geschlachtet und konnte beob-

achten, wie sein lebloser Körper in die Klosterküche getragen wurde und bald darauf eine köstliche Fleischsuppe mit kleinen Teigklößchen daraus zubereitet wurde. Zu seiner großen Enttäuschung sagte keiner der Mönche ein Mantra für das Fleisch, das sie verspeisten, und der Geist des Schafes erlangte keine Befreiung.

Am Abend wurde nochmals von der Suppe aufgetischt, und das Schaf machte sich langsam ernsthafte Sorgen, denn wieder erweckte keiner der Mönche auch nur den Anschein, das Mantra zu sprechen. Schließlich waren nur noch einige Fleischstücke übrig, und das Schaf geriet in Panik, denn wenn bis zum letzten Stück seines Fleisches immer noch kein Mantra gesprochen wurde, gab es für dieses Tier keine Aussicht auf Befreiung.

Schließlich war das ganze Fleisch weg, und in den Schalen blieben nur noch die Knochenstücke und der Rest der Suppe liegen. Als es dunkel wurde, kam ein Wandermönch und bat um etwas zu essen. Die Mönche gaben ihm die Reste der Suppe mit den Knochenstücken des Schafes. Bevor der Bettelmönch die Suppe auch nur anrührte, sprach er voller Hingabe und großer Inbrunst das Medizinbuddha-Mantra mit dem Wunsch, dass dieses Lebewesen, von dessen Knochen er noch das bisschen Fleisch abnagte, sofort ins Nirwana gelangen möge. Dank des Gebets des Bettelmönches erlangte das Schaf die Befreiung aus dem Samsara.

Diese kleine Geschichte verdeutlicht, welch große Wirkung ein solch kraftgeladenes Mantra für die Wesen hat.

Wie Mantras bei Krankheiten helfen können

Ich werde oft gefragt, ob denn Mantras tatsächlich Krankheiten heilen können. Seit Erscheinen meines Debütalbums »Dewa Che – Universal Healing Power oft Tibetan Mantras«, das ich 1999 herausbrachte, bin ich davon überzeugt, dass die Mantras Träger einer ganz besonderen Kraft sind. Ich würde es mir niemals anmaßen zu behaupten, dass sie Krankheiten heilen können. Aber die Kombination der beruhigenden Klänge mit den uralten kraftgeladenen Heilsilben vermögen den Heilungsprozess einer kranken Person zu aktivieren. Das haben mir viele Menschen persönlich bestätigt. Eine Tai-Chi-Schülerin von mir berichtete, sie wisse nicht, wie sie den Spitalaufenthalt nach ihrer Unterleibsoperation ohne meine Musik überlebt hätte. Es sei das Einzige gewesen, das ihr geholfen hätte, als selbst die stärksten Schmerzmittel versagten und sie keinen Schlaf fand. Andere erzählen, dass es den Zahnarztbesuch erträglich mache, denn die Klänge haben eine fast hypnotische Wirkung und beruhigen zutiefst das ganze Nervensystem.

Ich saß einmal mit meiner Familie im tibetischen Restaurant Shangrila in Zürich, als mich eine Dame fassungslos anschaute und in Tränen ausbrach. Sie erzählte, sie hätte ihre Chemotherapie ohne diese Klänge der Mantras niemals überstanden, und inzwischen sei sie auf dem besten Wege, wieder gesund zu werden. Meine Töchter saßen neben mir und waren sichtlich gerührt, sie fanden, das sei ja unglaublich schön.

Mein Vater, der mich von Anfang an unterstützte und meine Musik mit den Texten wohlwollend aufnahm, der mich und meine Musiker in seine Gebete einschloss und durch seine Segnungen half, dass wir die Herzen der Menschen erreichen, rief mich eines Tages zu sich und eröffnete mir, dass er einen besonderen Text für mich habe – ein Gebet, das sich auf die Wirkung des Medizinbuddha-Mantras bezieht. Er hatte diese Worte selbst verfasst und vertraute sie mir als Musikerin an, auf dass sie durch die Musik den Weg in die Welt und in die Herzen der Menschen finden mögen. In diesem Sinne teile ich dieses Gebet mit den Besuchern meiner Konzerte und mit Ihnen:

Tibetisches Gebet

rin chen be durya yi ri wo la
ngying dsche öd bum khyü drä si dschi gu
gya chen mön lam yong drup män gyi la
drän pa tsam gyi chi nang sang sum gyi
nä lä dröl sching tsän tsam dschö pä kyang
ngän drö dhug lä dröl dse söl wa deb

Mit einem strahlend blauen Körper,
der einem riesigen Berg aus Saphir gleicht,
der von Hunderttausenden von
hellen Sonnenstrahlen berührt wird,
hältst Du die höchste Kraft der Medizin,
die sämtliche Wünsche erfüllt.
Du befreist uns von den inneren und
äußeren Krankheiten, und
nur schon wenn man Deinen Namen
einmal im Leben rezitiert oder gehört hat,
bewahrt es uns vor den karmischen Krankheiten
und schützt uns vor einer Wiedergeburt
in einem der drei negativen Bereiche.

AMIDABA

Das Mantra

OM AMI DABA HRI
OM AMA RANI JIVENTE SOHA

Das ist das AMIDABA-Mantra.
Das ist das Langlebe-Mantra
von Buddha AMITAYUS.

Das tibetische Gebet

pä mä rig dag nang wa tha ye dhang
nyi me gyal wa tse pak me gön la
dag dschag ngying nä söl wa tab pä thü
de dschor nä me lo gya tso wa dhang
nam schig tschi wä tsen ma schar wä tse
öd pag me pä thug dsche dschag kyang nä
de chen dhag pä sching dher tri du söl

An Buddha Amitayus,
den »Buddha des Langen Lebens«
der dieselbe Natur ist wie Buddha Amidaba,
richte ich diese Bitte aus dem Tiefsten meines Herzens.
Mögen sämtliche Wesen ein hundertjähriges,
glückliches, gesundes Leben führen können.
Wenn der Zeitpunkt naht, wo wir alle
diesen Körper verlassen und sterben werden,
bitte ich Dich, Buddha Amidaba,

»Buddha des grenzenlosen Lichtes«,
Deine mitfühlende liebevolle Hand entgegenzustrecken
und uns Wesen ausnahmslos
in Dein »Reines Land« von Dewa Chen zu führen.

✿ ✿ ✿

So, wie es das verbriefte Menschenrecht auf ein Leben in Würde gibt, sollte es jedem Menschen vergönnt sein, ohne Angst und Panik sterben zu dürfen, wenn die Zeit dafür gekommen ist. In keiner anderen Kultur der Welt wurde der Erforschung des Geistes und dessen Verbleib nach dem Verlassen des irdischen Körpers so viel Aufmerksamkeit gewidmet wie in der tibetischen. Die Tibeter stützen sich auf die im 8. Jahrhundert von Guru Padmasambhava verfassten Schriften des »Bardo Thödröl«, was bedeutet: »Befreien durch Zuhören im Zwischenzustand«, im Westen bekannt geworden unter dem Titel »Das tibetische Totenbuch«. Obwohl im 8. Jahrhundert geschrieben, entschied sich Guru Padmasambhava, die Schriften zunächst in einer Höhle zu verstecken, bis die Zeit gekommen war, in der sie auch verstanden wurden. Im 14. Jahrhundert entdeckten sogenannte Tertöns – Schatzsucher, die in einer speziellen Verbindung mit höheren Wesen stehen, um die Schätze auszugraben und freizugeben – diese Schriften.

Das »Bardo Thödröl« enthält detaillierte Angaben darüber, was im Moment des Sterbens passiert und wie es uns gelingen könnte, das Sterben nicht als Bedrohung, sondern als Chance wahrzunehmen. Wir wissen alle, dass wir früher oder später sterben werden; es gibt kein Lebewesen, das nicht sterben muss. Selbst Buddha ist vor 2500 Jahren im Alter von 85 Jahren gestorben. Manche sterben bereits ungeboren im Mutterleib, manche überleben ihre eigene Geburt nur für ein paar Atemzüge, manche sterben, ehe sie laufen können, andere in ihren besten Jahren und bei vollen Kräften. Es gibt bei uns ein sehr schönes Sprichwort: »Wir wissen nicht, was früher eintrifft: der morgige Tag oder das nächste Leben. Deshalb ist es weise, sich um das nächste Leben so zu kümmern, als sei es eine Angelegenheit von morgen.«

Ich erinnere mich noch gut an die Worte meines Vaters, als er uns darlegte, wie wichtig es ist, stets eine positive, mitfühlende Geisteshaltung einzunehmen, da sie die guten Samen unserer vergangenen Handlungen zum Reifen bringt, während negative von Hass und Missgunst geprägte Geisteshaltungen die negativen Samen unserer vergangenen Handlungen zur Reife befördert. Wenn es uns gelingt, unseren Geist ständig an diese gute innere Haltung zu gewöhnen, wird unser Leben mit weniger Problemen belastet sein, und es wird uns leichterfallen, diese Haltung im Moment des Sterbens einzunehmen. So erfüllen wir eigentlich die wichtigste Aufgabe eines menschlichen Lebens.

Ich staune immer wieder über uns Menschen, wie wir doch recht unbeholfen mit dem Thema Tod umgehen oder es – gerade im Westen – um jeden Preis vermeiden und verdrängen. Niemand kommt nur schon auf den Gedanken, seinen Geist auf das Sterben vorzubereiten.

Mein Vater hat seinen Schülern erklärt, dass die letzte Reise mit einer Ferienreise verglichen werden kann. Unser Reiseziel hängt von unserem guten Karma ab: Gutes Karma führt zu einer schönen Destination und bedeutet ein angenehmes Reisen in der Business oder gar der First Class, schlechtes Karma hingegen zu einem etwas weniger schönen Ferienort, und die Reise verläuft holpriger. Es liegt folglich in unseren eigenen Händen, wohin und wie wir reisen.

Dabei beobachte ich mich selbst, wie ich mich auf jede noch so kleine Reise innerlich und äußerlich gut einstellen möchte. Ich will für alles vorbereitet sein und achte darauf, dass ich die richtigen Kleider und Schuhe einpacke und dass ich für jede Art von Wetter etwas Passendes dabeihabe. Dazu kommen meine Kostüme für die Auftritte und Extraschuhe. Ich nehme Medikamente und Mückenspray mit und bin so für alle vorstellbaren Eventualitäten gewappnet. Manchmal denke ich dann, wie fatalistisch wir doch mit dem Thema Tod umgehen. Kaum jemand macht sich die Mühe, ausführliche und sorgfältige Vorbereitungen für die wohl wichtigste Reise in unserem Leben zu treffen. Natürlich soll jeder selbst entscheiden, ob er oder sie das für nötig hält oder nicht. Doch allein der Gedanke, auch diese Reise gut vorbereiten zu können, sollte uns ermutigen, das auch zu tun.

Die Vorbereitung, von der ich an dieser Stelle spreche, ist hauptsächlich spiritueller Art. Wird unser Geist vorbereitet genug sein, im wesentlichen Moment des Todes die Furcht zu überwinden und Ruhe zu bewahren? Wird er dazu bereit sein, nicht in Panik zu geraten, wenn sich die Elemente der Reihe nach auflösen und wir das, womit wir uns ein Leben lang identifiziert haben – unseren eigenen Körper –, verlassen müssen?

Ich habe lange überlegt, ob ich dieses Thema in diesem Buch überhaupt ansprechen oder es lieber anderen überlassen sollte, über diese emotional auch schwierige Fragestellung zu schreiben. Ich war ein bisschen unschlüssig, bis ich mir sagte: Es mag Leser/Leserinnen geben, die diese Passage lieber überfliegen und nicht wirklich lesen wollen; das ist völlig in Ordnung. Aber genauso kann genau diese Passage für manche eine Hilfestellung sein, wenn sie möglicherweise gerade Freunde oder Familienmitglieder durch die letzte Phase des Lebens begleiten.

Diese Anschauung meiner Kultur darüber, wie das Sterben vor sich geht, mag manchen recht fremd erscheinen, und ich weiß auch nicht, ob und wie viel davon auch geschehen wird und wie bewusst wir alles wahrnehmen werden. Als mein Vater uns das Bardo der »Befreiung durch das Hören im Bardo« vorstellte, war ich für einige Tage fast depressiv. Als ich mich wieder gefangen hatte, erinnerte ich mich an eben diesen Moment in der Bardo-Phase, in dem es heißt, dass man, wenn es einem gelingt, das Licht zu erkennen und sich mit ihm zu vereinen, er oder sie Buddhaschaft erlangen wird. Seit ich das gehört hatte, war ich fasziniert von dem Gedanken, dass der Moment des Todes im Grunde genommen auch als eine der größten Chancen zur unmittelbaren Erleuchtung und Befreiung genutzt werden kann. Ein Mensch kann ein Leben lang unfromm und wild gewesen sein; aber schafft er es, in dem Moment, wenn das Klare Licht erscheint, mit diesem eins zu werden, wird er erleuchtet. Maßgebend ist die Fähigkeit, in dieser äußerst wichtigen Phase den Geist friedvoll und ruhig zu halten, um die Zeichen besser zu erkennen.

Grundsätzlich erschrecken wir immer, wenn wir vom Tod eines Bekannten hören oder wenn es gar ein Familienmitglied betrifft. Wir sind dann ganz entsetzt und tun so, als ob das nur andere angeht. Dabei besteht zwischen deren Tod und unserem Tod nicht der kleinste Unterschied. Deshalb macht es durchaus Sinn, sich über den eigenen Tod ernsthafte Gedanken zu machen und sich vorzunehmen, möglichst gut vorbereitet diese letzte Reise, sobald es einmal so weit ist, anzutreten.

Mir persönlich hilft der Gedanke an die eigene Vergänglichkeit, meine Verbindung zu Buddha Amidhaba – dem Buddha des grenzenlosen Lichtes – zu verstärken. Ich bete dann für alle fühlenden Wesen, die wie ich noch keine stabile Dharma-

Praxis haben, auf dass unser Bewusstsein nach dem Tode im »Reinen Land« von Buddha Amidaba, das wir »Dewa chen« nennen, aufwachen darf; in einem Daseinsbereich, der frei ist von jeglichem Leiden und in dem wir die Gelegenheit erhalten, den Weg eines Bodhisattvas einzuschlagen, um schließlich zu einem Buddha zu werden. Es soll ein unvorstellbar schöner paradiesischer Bereich sein, wo alle Wesen keinen materiellen Körper wie hier auf der Erde besitzen, sondern einen wundervollen Regenbogenkörper, und wo nichts als reine Freude herrscht.

Mein Vater Dagsay Rinpoche betonte stets, dass es hilft, die Angst vor diesem für jeden von uns unvermeidlichen Schritt zu bewältigen, wenn man sich das »Reine Land« immer wieder vorstellt und darüber meditiert. Dabei kann man seiner Fantasie freien Lauf lassen. Wichtig ist, dass der Gedanke an diesen Ort in uns eine große Gelassenheit, Ruhe und Freude auslöst. Wenn es dann einmal so weit ist, dass sich unser Leben dem Ende zuneigt, sollten wir mit voller Hingabe und Vertrauen den Wunsch verspüren, ins »Reine Land« von Buddha Amidaba einzutreten.

Das erklärt auch, weshalb Pflegepersonen, die täglich Sterbende begleiten, immer wieder feststellen, dass Menschen, die eine gute Verankerung in ihrem Glauben haben und sich beim Sterben auf ihre geistigen Helfer, mögen sie Gott, Allah, Jesus, Krishna oder Buddha heißen, verlassen können, friedvoll und gelassen hinübergehen. Deshalb ist in meinen Augen eine spirituelle Ausrichtung im Leben so wertvoll.

Die Phasen des Sterbens

In einem seiner Vorträge erklärte der bekannte Meditationsmeister Loten Dahortsang die verschiedenen Bardos, wie sie in
der Ngyngma-Tradition niedergeschrieben sind. Bardo bedeutet »Bewusstseinszustand«, und im tibetischen Denken durch-
läuft der Mensch sechs wichtige Bardos.

Das erste Bardo des Lebens nennen wir »Kye ne«-Bardo, den
Zustand zwischen der Geburt aus dem Schoß der Mutter und
dem Moment des Todes. Das ist unser Bewusstseinszustand im
Wachzustand, wenn wir im Alltag unsere Handlungen ausfüh-
ren, wenn wir arbeiten, essen, einkaufen usw.

Das zweite Bardo ist das »Milam«-Bardo. Das ist der Bewusstseinszustand, in dem wir träumen. Im Traum ist unser Bewusstseinszustand in einer ganz anderen Spannung von Sensibilität.
Vieles, was wir im Alltag verdrängen und unterdrücken, taucht
in unseren Träumen wieder auf. Was ist Traum? Was ist Wirklichkeit? Bringen wir das Traum-Bardo auf den spirituellen
Pfad, werden wir fähig sein, die Erscheinungen des Wachzu-
standes und des Traums zu vermischen, was für die spirituelle
Arbeit sehr bedeutend ist.

Das dritte Bardo wird »Samten«-Bardo genannt und ist der
Bewusstseinszustand in tiefer Versenkung, absolut befreit von
Trägheit, Schläfrigkeit und aufgewühlten Gedanken, ein Zu-
stand, der sich grundlegend vom Wachzustand unterscheidet.

Dann gibt es das vierte Bardo des »Chikhai«, auch Bardo des
Sterbens genannt. Das ist der Bewusstseinszustand, den wir als
Mensch im Prozess des Sterbens erfahren.

Der menschliche Körper besteht aus den fünf Elementen
Erde, Wasser, Feuer, Wind und Raum. Durch die Kräfte der
fünf Elemente können wir überhaupt leben. Dass wir denken

können, verdanken wir dem Geist, die Denkfähigkeit verdanken wir dem Wind oder Prana. Ferner ist das, was den Atem und alles im Körper zum Fließen bringt, die Energie des Windes. Alles Grobe im Körper verdanken wir der Kraft der Erde, alle Wärme entspricht der Kraft des Feuers, alle Flüssigkeiten wie Blut sind die Kraft des Wassers. Und die Kraft des Raums sind die Hohlräume unseres Körpers. Dank dieser Kräfte der Elemente können wir Menschen uns am Leben erhalten und funktionieren. Wenn aber der Tod kommt, beginnen die Elemente, sich zurückzuziehen und allmählich aufzulösen.

Zunächst zieht sich das Erdelement zurück. Der Sterbende hat das Gefühl, in ein großes Erdbeben geraten zu sein und in die Erde hineinzusinken. Das innere Zeichen erscheint in Form von flimmerndem Licht, wie die Luftspiegelung einer Fata Morgana. Wenn sich das Wasserelement auflöst, verspürt der Sterbende Durst, und seine Lippen fühlen sich trocken an; er bittet um Wasser. Das innere Zeichen sind rauchartige Erscheinungen. Zieht sich das Feuerelement zurück, verspürt der Sterbende große Kälte und möchte zugedeckt werden. Das innere Zeichen sind flimmernde rote Lichter, die wie wild umhertanzende Glühwürmchen aussehen. Und wenn sich als Nächstes das Windelement zurückzieht, verändert sich der Atemrhythmus, und das Atmen fällt immer schwerer. Die Einatmungen werden kürzer, und der Sterbende atmet länger aus als ein. Mit der letzten Ausatmung löst sich das Windelement im Raum auf, und die ganze physische Basis unserer Existenz ist aufgelöst, das Gehirn hört auf zu funktionieren. Das innere Zeichen ist ein Licht, das wie die Flamme einer Kerze in einem windstillen Raum erscheint.

Nach westlicher Anschauung wird dieser Moment als der klinische Tod definiert. Nach tibetischer Auffassung hingegen ist der Sterbeprozess noch nicht vollendet, da der innere Atem noch weitergeht.

Nach dem klinischen Tod tritt das »Nawa Karlampa« ein, eine weiße, helle Erscheinung, die ursprünglich die Energie des Samens des Vaters repräsentiert, die sich bei der Empfängnis als Energie im Scheitelchakra zurückgezogen hat. Diese Energie kommt nun in Form eines hellen Mondes in einer klaren Nacht zurück zum Herzchakra. Mit dieser weißen, hellen Erscheinung lösen sich sämtliche 33 negativen Geistesfaktoren, die durch das Geistesgift Hass verursacht werden, vollständig auf. Danach taucht eine rötliche Erscheinung wie der klare Herbsthimmel bei Sonnenuntergang auf, das »Nawa Marlampa«, das die Energie der Eizelle der Mutter ist, die sich seit unserer Geburt als Energie unterhalb des Nabels zurückgezogen hat. Diese Essenz steigt nun langsam in Richtung Herzmitte hoch. Die rote Erscheinung bewirkt, dass sämtliche 40 negativen Geistesfaktoren, die durch das Geistesgift Gier verursacht werden, vollständig aufhören.

Wenn beide Essenzen in der Mitte des Herzzentrums, wo sich unser Geist in seiner subtilsten Form, in einem Urtropfen, Bindu, aufhält, aufeinanderstoßen, umschließen sie den Geist wie eine Kapsel und erzeugen dadurch eine vollständig dunkle schwarze Erscheinung, die man »Nyertob Naglamba« nennt. Mit dieser schwarzen Erscheinung werden die 7 negativen Geistesfaktoren der Unwissenheit vollständig ausgelöscht. In diesem Moment fällt der Sterbende kurz in Ohnmacht. Erst wenn diese Kapsel sich wieder öffnet, erfährt der Sterbende das »Klare Licht«, das wir auf Tibetisch »öd sel« nennen.

Das klare Licht

Das ist der Moment, in dem sich unsere wahre Natur des Selbst in voller Präsenz zeigt, da sämtliche begriffliche Faktoren des Geistes aufgelöst sind und kein Hass, keine Gier und keine Unwissenheit den Geist verdunkeln und nichts mehr zwischen unserer wahren Natur und dem »klaren Licht« steht. Wir können uns ohne Hindernisse mit dem klaren Licht vereinen. Die Begegnung und die Verschmelzung mit diesem »klaren Licht« ist das Ziel aller praktizierenden Lamas, Mönche und Nonnen sowie Laien. Da dieses »Klare Licht« nur dann wahrgenommen werden kann, wenn man es erkennt, verpassen die meisten Wesen diesen kostbarsten Moment jedoch.

Wenn hoch verwirklichte Lamas von dieser Welt gehen, vereinen sie sich mit diesem »klaren Licht« und verweilen tagelang in diesem Zustand. Ihr Körper ist zwar klinisch tot, zeigt aber nicht die geringsten Anzeichen von Verwesung, was die westlichen Ärzte jeweils vor ein großes Rätsel stellt, weil es für sie unerklärlich ist. Bei uns Tibetern ist es etwas Selbstverständliches, und es heißt dann, dass der Lama so und so viele Tage im »Tu dam« verweilt; dies verstärkt unsere Hingabe und unseren Respekt für den verstorbenen Lama, der dann in wenigen Jahren in Gestalt eines kleinen Kindes, als reinkarnierter Lama, wieder zu uns zurückkehren wird, um seine Aufgabe – die Lebewesen aus dem Samsara zu führen – fortzusetzen.

Nun beginnt der »Tschönyi«-Bardo. Nachdem sich dem Sterbenden das »Klare Licht« des Geistes für einen kurzen Moment offenbart hat und es nicht wahrgenommen wurde, hat er nach der alten tibetischen Überlieferung immer noch gute Chancen, die Befreiung seines Geistes zu erlangen. Denn jetzt erscheinen verschiedene Visionen und Erscheinungen von diversen Gottheiten. Zunächst kommen aus der Herzgegend die Visionen der 42 friedlichen Gottheiten. Die Gottheiten, die sich zeigen, sind nichts anderes als Ausdruck des eigenen Geistes, weil die Natur unseres Geistes von Anfang an die erleuchtete Natur von Buddha ist.

Die Reihe der friedlichen Gottheiten wird angeführt von den fünf Urbuddhas: Vairocana (Nampar Nangtsäd), weiß, Akshobia (Mikyöpa), blau, und Ratnasambhava (Rinchen Jungnä), gelb, Amitaba (Ödpagme), rot, und Amogasiddhi (Dhönyö Drupa), grün.

Sie erstrahlen vor dem Betrachter wie ein funkelnder Diamant in den fünf Weisheitsfarben, und sie erinnern uns daran, dass wir die gleichen Weisheitsprinzipien dieser fünf Urbuddhas seit anfangsloser Zeit in uns tragen. Wenn wir es in diesem Moment schaffen, uns mit ihnen voll zu identifizieren und in ihnen unsere eigene Natur zu erkennen, werden wir Befreiung erlangen. Der Reihe nach werden sie uns ihren Tanz aufführen und uns dazu einladen, mit ihnen zu verschmelzen und somit eins mit unserer eigenen wahren Natur zu werden.

Als Nächstes erscheinen uns aus unserem Stirnbereich der Reihe nach die 58 zornvollen Gottheiten. Es ist für den Sterbenden etwas schwieriger, sich mit diesen rasenden und furchterregenden Gottheiten zu identifizieren, da sie ihn eher erschrecken als beruhigen.

Nun folgt das Kernstück dieser Anleitung über die verschiedenen Stufen des Sterbens. Hier helfen uns die Worte unserer spirituellen Lehrer, die uns sagen: »Oh du Edelgeborener, fürchte dich nicht vor diesen furchterregenden Visionen. Merke, dass es nichts zu fürchten gibt. Die Visionen, die dir Schrecken und Angst einjagen, sind bloß Projektionen deines eigenen Geistes. Sie sind nichts weiter als unwesentliche Traumgestalten. Lasse dich nicht davon abhalten, dich mit deiner wahren Natur des Dharmakaya, der makellos strahlenden Gewahrsamkeit deines Geistes, zu vereinen.«

Sich daran zu erinnern, dass alle diese Erscheinungen keine wahren Gestalten sind, sondern lediglich eine Projektion des Geistes, hilft dabei, ruhig zu bleiben. Ich stelle mir das so vor, als ob wir einen Gruselfilm im Fernsehen anschauen würden. Es kommt doch vor, dass wir uns völlig in den Film hineinbegeben und vor Angst erstarren. Sobald wir uns aber in Erinnerung rufen, dass es ja nur gespielt ist und dass vor und neben dem Schauspieler ein Dutzend Menschen als Beleuchter oder Kameramänner beschäftigt sind, löst sich die Anspannung, und wir müssen über uns selbst schmunzeln, dass wir uns so leicht täuschen lassen.

Die Phase zwischen dem Tod und der neuen Wiedergeburt, in der das Bardo-Wesen in eine neue Verkörperung eintritt, nennt man das »Sipa Bardo«. Dieser Zustand dauert höchstens 7 x 7 Wochen, also genau 49 Tage. Das Wesen im »Sipa Bardo« hat keinen grobstofflichen Körper, sondern nur einen »Gedankenkörper«. Es ist wie das Gefühl, einen Körper zu haben, während man träumt; dieser Körper wirft auch keinen Schatten.

Da unser Körper keine weißen und roten Essenzen hat, die man von den Eltern erhält, können uns Sonne und Mond nicht unterstützen. Wir haben keine Wahrnehmung von Sonne und Mond, alles erscheint wie vor dem Sonnenaufgang. In diesem Zustand gelangt das Wesen überall dorthin, wo es mit seinen Gedanken hingeht. Man sagt, dass dieses Wesen immer wieder zu sich nach Hause geht, an den Ort, an dem es zuletzt gewohnt hat. Seine Angehörigen sehen es natürlich nicht und nehmen es nicht mehr wahr. Aber am Anfang merkt das Wesen gar nicht, dass es tot ist, weil niemand es ihm sagt. Es begreift zuerst nicht, weshalb die Eltern, die Verwandten nicht reagieren, wenn es nach ihnen ruft. Das wird als sehr schmerzhaft und traurig beschrieben und dass sich das Bardo-Wesen in diesem Zustand sehr allein gelassen fühlt. Nach einer gewissen Zeit merkt es, dass es keinen Kontakt mehr zu den lebenden Menschen haben kann, und realisiert schließlich, dass es gestorben ist. Das Bardo-Wesen fühlt sich sehr einsam, was einer der emotionalen Zustände der Bardo-Wesen ist.

Eine besondere Fähigkeit der Bardo-Wesen ist aber auch, dass ihr Bewusstsein weit zurück durch unzählige Leben blicken kann. Der Körper, der nur ein Gedankenkörper ist, kann sich überall aufhalten. Allmählich erwächst in ihm der Wunsch, wieder einen neuen Körper zu erhalten. Es sucht nach einem Körper, und wenn sein Karma die entsprechende Verbindung zu den zukünftigen Eltern hat, sieht es seinen Vater und seine Mutter in der sexuellen Vereinigung, und es dringt in die beiden Substanzen von Eizelle und Samen ein; hier endet der Zustand des »Sipa Bardo«.

Den Sterbenden liebevoll begleiten

In jeder Religion wird darauf hingewiesen, dass es wichtig ist, ruhig und ohne Schmerzen zu sterben. Bei uns Buddhisten wird allen zudem strengstens davon abgeraten, die Ruhe des Sterbenden durch zu lautes Weinen und Jammern zu stören. Damit befördere man ihn direkt in einen der drei negativen Bereiche. Mein Pola hat uns schon zu Lebzeiten davor gewarnt, an seinem Sterbebett zu weinen. Man sollte nur noch leise sprechen und vor allem die sterbende Person nicht unnötig aufregen. Der Geisteszustand im Moment des Todes bzw., noch präziser, der letzte Gedanke ist entscheidend für die Qualität einer Wiedergeburt. Sterben wir mit einem von Panik und Verwirrung geprägten Geist, besteht die Gefahr, in einem der niederen Bereiche wiedergeboren zu werden. Bleibt der Geist aber ruhig und voller Zuversicht, getragen von Vertrauen und frei von negativen Gefühlen, besteht die Chance auf unmittelbare Erleuchtung oder zumindest eine Wiedergeburt in den höheren Daseinsbereichen.

✿ Mein Vater hat geraten, dass es in diesen letzten Momenten wichtig sei, dass man mit seiner ganzen Liebe und Zuneigung die sterbende Person begleitet. Man kann die Hände liebevoll umfassen und leise die Mantras sprechen oder singen und man sollte das Gefühl vermitteln, dass man vollkommen für sie da ist. Die Mantras OM AMI DABA HRI und OM MANI PEME HUM eignen sich sehr dafür, weil sie die Kraft besitzen, das Tor zum »Reinen Land« von Buddha Amidaba zu öffnen.

Es gibt die sehr schöne Geschichte, dass Buddha Amidaba eines Tages versprochen haben soll, dass er das Tor zu seinem »Reinen Land«, auf Tibetisch »Dewa Chän gyi shing kham«, für alle Wesen gleichermaßen öffnen wird, die seinen Namen nennen, und sie dort zur Befreiung führen wird. Meine tibetischen Landsleute halten unerschütterlich an dieser Überzeugung fest, dass das Rezitieren vom Mantra des Mitgefühls OM MANI PEME HUM direkt nach dem Tod das Bewusstsein ins »Reine Land« von Buddha Amidaba führt. Deshalb sieht man viele ältere Tibeter/Tibeterinnen unaufhörlich dieses Mantra murmeln. Wann immer sie sterben sollten, machen sie sich keine Sorgen mehr, da sie das Rezitieren der Mantras dermaßen verinnerlicht haben, dass sie voller Vertrauen und Hingabe den materiellen Körper verlassen und hinübergehen werden.

Wenn es uns gelingt, uns in diesem für uns entscheidenden Moment gelassen, ruhig und voller Liebe und Mitgefühl mit Buddha Amidhaba zu vereinen und uns voller Hingabe in seine Hände zu begeben, öffnet sich das Tor ins »Reine Land«. Die große Gnade: Die Tore zu den sechs Daseinsbereichen des Samsara bleiben von nun an für immer verschlossen, und wir müssen keine leidvolle Wiedergeburt annehmen. Ich wollte von meinem Vater wissen, ob denn alle Menschen, die keinen Bezug zum Buddha Amidaba haben, vom »Reinen Land« ausgeschlossen sind. Seine Antwort beruhigt mich immer noch: Es spielt keine Rolle, an wen oder was die Menschen in ihrem letzten Moment glauben. Das Allerwichtigste ist, dass man ohne Panik, Reuegefühle, Groll oder Anhaftung, sondern voller Gelassenheit und im Frieden mit sich und den anderen von dieser Welt geht.

Es berührt mich jedes Mal, wenn ich erfahre, dass meine Stimme Menschen in diesen Momenten des schmerzvollen Abschieds begleiten und ihnen allen, Sterbenden sowie Begleitenden, sehr viel Halt und Trost geben konnte. Meine liebe Amala hat während ihrer langen Krankheit oft gewünscht, die Klänge der Mantras zu hören, und ist am Sterbebett mit diesen Klängen dann friedlich hinübergegangen. Ich weiß noch genau, wie sie mir sagte, dass alle andere Musik es nicht schafft, sie in diese Ruhe und diesen inneren Frieden zu bringen.

Ebenso berichten mir Menschen auf der ganzen Welt, wie sehr die ruhigen Mantras auf meinem ersten Album »Dewa Che« oder auf JEWEL die Kraft haben, eine würdevolle Stimmung der Liebe, der Versöhnung, Weite und Transzendenz herbeizuführen und ihre Liebsten ebenfalls auf dieser letzten Reise begleiteten. Die Mutter meiner besten Freundin wünschte am Sterbebett, die Klänge von JEWEL zu hören. Ariane erzählte mir, wie feierlich die Stimmung gewesen sei und ihre über alles geliebte »Mumi«, wie sie ihre liebe Mutter nannte, sich entschied, erst dann zu gehen, als der letzte Ton des letzten Stücks – die Zufluchtnahme zu den Drei Juwelen – ausgeklungen sei.

Der Musik zu diesem Mantra kommt eine wichtige Aufgabe zu, denn sie soll die Verstorbenen auf ihrer Reise in den Zwischenraum begleiten, auf dieser Reise in das Unbekannte, es ist eine Art »Farewell«. Helge hat ganz zum Schluss den Kinderchor eingesetzt, der für den großen Kreislauf von Werden und Vergehen steht. Die Kinder repräsentieren den Neuanfang, das Frische, das Unbelastete, das Lebendige und erinnern uns daran, dass wir wie ein Stern im Universum auch dann wieder strahlen, wenn wir diesen Planeten verlassen haben.

100 SYLLABLE VAJRA SATTVA

Das Mantra

OM VAJRA SATTVA SAMAYA MANU PALAYA
VAJRA SATTVA TVENOPA TISHTA DRIDHO MEBHAWA
SUTO SHYO MEBHAWA SUPO SHYO MEBHAWA
ANURAKTO MEBHAWA SARVA SIDDHI ME PRAYACCA
SARVA KARMA SUTSAME CHITTAM SHRIYAM
KURU HUM HA HA HA HA HO BHAGAWAN SARVA
THATAGATA VAJRA MAME MUNCHA VAJRA
BHAWA MAHA SAMAYA SATTVA AH HUM PHET

OM VAJRA SATTVA HUM

Mit der Kopfsilbe OM beginnt jedes Mantra; sie drückt den Wunsch aus, den reinen Körper, die reine Sprache und den reinen Geist der Buddhas zu erlangen. Das 100-Silben-Mantra schließt mit AH HUM PHET – die Samensilbe AH symbolisiert die Leerheit, das Fehlen einer Eigenexistenz aller Phänomene; die Samensilbe HUM steht für höchste Weisheit der Buddhas, die die Natur großer Glückseligkeit besitzt, und der kräftige Laut PHET bringt zum Ausdruck, dass mit den Qualitäten der Weisheit alle negativen Kräfte zerstört werden. Die rasch hintereinander gesprochenen Silben HA HA HA HA HO sind ein Segen zur Erlangung der fünf makellosen Bewusstseinsstufen der fünf Buddha-Familien:

Akshobia – Form, transformiert Hass,
Farbe Blau

- Ratnasambhava – Gefühle, transformiert Stolz,
  Farbe Gelb

- Amidaba – Wahrnehmung, transformiert Begierde,
  Farbe Rot

- Amogasiddhi – Gedanken, transformiert Neid,
  Farbe Grün

- Vairocana – Bewusstsein, transformiert Unwissenheit,
  Farbe Weiß

OM
VAJRA SATTVA SAMAYA
MANU PALAYA
VAJRA SATTVA TVENOPA
TISHTA DRIDHO MEBHAWA
SUTO SHYO MEBHAWA
SUPO SHYO MEBHAWA
ANURAKTO MEBHAWA
SARVA SIDDHI ME PRAYACCA
SARVA KARMA SUTSAME
CHITTAM SHRIYAM KURU HUM
HA HA HA HA HO

Vajrasattva, Schutzherr des Versprechens,
halte das Versprechen aufrecht.
Vajrasattva, sei mir nah, bleib bei mir.
Lass mich durch deinen Schutz standhaft werden,
erfülle mich zutiefst mit der Natur der großen Freude,
erfülle mich zutiefst mit der höchsten Freude,
schenke mir die Gabe, hingebungsvoll zu werden,
gewähre mir alle Verwirklichungen, gewähre mir
die erfolgreichen Handlungen und Errungenschaften,

befähige meinen Geist auf höchster Ebene
und entfalte ihn prachtvoll,
um die fünf Weisheiten zu erlangen.

BHAGAWAN SARVA THATAGATA
VAJRA MAME MUNCHA
VAJRA BHAWA MAHA
SAMAYA SATTVA
AH HUM PHET

Erhabener, Vajra aller Thatagatas,
lass mich nicht alleine, gib mich nicht auf.
Lass mich ein Vajra-Halter werden,
eröffne mir die Erkenntnis der Vajra-Natur
und lass mich mich mit Dir vereinen.
Sei der Vajra-Halter, das Wesen des großen Versprechens,
Kraft der gereinigten Sprache, Kraft des gereinigten Geistes.

❀ ❀ ❀

Dieses Mantra besteht aus 100 Heilsilben und besitzt die große
Kraft, unseren unklaren Geist von negativem Karma zu reinigen; es ist dem Schutzherrn des Versprechens Vajrasattva gewidmet, der das reine Bewusstsein sämtlicher Buddhas verkörpert.

Ich war völlig fasziniert von diesem Mantra, als mein Vater es
uns das erste Mal vorstellte, und wollte es unbedingt lernen,
aber bei dem Gedanken, alle 100 Silben auswendig zu lernen,
wurde es mir nahezu schwindlig. Meine liebe Amala ermutigte
mich jedoch: es sei viel einfacher, als es auf den ersten Blick
erscheine, und sie half mir dabei, diese Silben meinem Geist
einzuprägen.

Vajrasatta, das »Diamantwesen«

Vajrasattva ist ein Bodhisattva und erscheint in der weißen Farbe als Zeichen der Reinheit; er wird auch »Diamantwesen« genannt, da er den strahlend leuchtenden, unzerstörbaren Geist der Buddhas verkörpert. Er wird als schöner Mann in der Blüte seines Lebens gezeigt. Entsprechend seinem Status ist er in das kostbare Seidengewand eines wohlhabenden Prinzen gekleidet und mit wertvollen Juwelen geschmückt. In seiner rechten Hand hält er auf Herzhöhe den Vajra und in der linken Hand, leicht nach unten versetzt, die Glocke mit der Öffnung nach oben zeigend auf Bauchhöhe. Der Vajra (Diamantzepter) symbolisiert die Methode, während die Glocke die Weisheit verkörpert.

Die Legende von Siddharta hat viele Menschen auf der ganzen Welt berührt, darunter nicht nur Buddhisten, denn mittlerweile gilt die 1922 erschienene Dichtung »Siddharta« von Hermann Hesse als das meistgelesene Buch des 20. Jahrhunderts. Ich erwähne dies vor allem wegen des mich sehr berührenden Eingeständnisses des Dichters und Literaturnobelpreisträgers, dass er erst eine schwere Schreibblockade durchleiden musste, bevor er die Erkenntnis gewinnen konnte, dass diese Phase der Ausdruck einer Selbstentfremdung war. In einem Brief hielt er später fest: »Ich machte damals – nicht zum ersten Mal natürlich, aber härter als jemals – die Erfahrung, dass es unsinnig ist, etwas schreiben zu wollen, was man nicht gelebt hat, und ich habe in jener langen Pause, während ich auf die Dichtung ›Siddharta‹ schon verzichtet hatte, ein Stück asketischen und meditierenden Lebens nachholen müssen, ehe die mir seit Jünglingszeiten heilige und wahlverwandte Welt des indischen Geistes wirklich Heimat werden konnte.«

Diese einsichtigen Worte des Poeten legen dar, wie wesentlich es ist, dass wir den Weg der Erleuchtung aufrichtig gehen, dass wir uns nicht von Ängsten und Zweifeln erschüttern lassen dürfen. Der achtsame und klare Geist wird stets aufs Neue von außen verführt, und das Praktizieren dieses 100-Silben-Mantras bewirkt, dass unser Geist von den Leid bringenden negativen Emotionen wie Gier, Hass, Unwissenheit, Wut, Neid und Stolz befreit und wieder klar und achtsam wird. Das kurze Reinigungsmantra lautet OM VAJRA SATTVA HUM und ist genauso kraftvoll, wenn es mit voller Hingabe des Bereuens und dem Versprechen praktiziert wird, künftig von unheilvollen Taten abzusehen und Mitgefühl und Güte für sämtliche Wesen zu entwickeln.

Buddha hat uns gelehrt, dass jede noch so negative Handlung auch eine gute Eigenschaft in sich trägt: Sie kann gereinigt werden. Er hat aber auch gelehrt, dass alle tugendhaften Handlungen – mögen sie noch so rein sein – eine negative Eigenschaft haben: dass sie durch die negative Geisteshaltung der Wut mit einem Schlag vernichtet werden können. Mit anderen Worten: Lassen wir unseren Geist unbeschützt und durch Wut beeinflussen, kann dieser unachtsame Moment unsere zuvor angesammelten tugendhaften Handlungen zunichtemachen.

Grundsätzlich sagte Buddha, dass die vier sogenannten Kräfte – die Kraft des Bereuens, die Kraft des Verzichts, die Kraft der Zufluchtnahme, die Kraft der Gegenmittel – alle vollständig sein müssen, um wirklich effektiv das negative Karma zu reinigen.

Die Kraft des Bereuens
Das echte Bedauern über die negativen Handlungen, die wir mit unserem Körper, unserer Sprache oder unserem Geist aus-

geübt haben, ist zentral für eine gute Reinigungspraxis von Vajrasattva. Dafür ist es erforderlich, dass wir das Kausalitätsgesetz von Ursache und Wirkung gut verstehen und daraus der sehnlichste Wunsch erwächst, künftig von solch Leid verursachenden Handlungen abzusehen.

Die Kraft des Verzichts

Hiermit bekräftigen wir uns tiefsten Herzens, künftig solche Handlungen nicht mehr zu wiederholen und uns ethisch korrekt zu verhalten.

Die Kraft der Zuflucht

Diese Kraft nennt man auch die Kraft der Basis. Wir müssen an der Basis mit der Reinigung beginnen, und zwar dort, wo wir mit unseren Handlungen den gewöhnlichen oder heiligen Wesen Schaden zugefügt haben. Wir können uns mit ihnen wieder versöhnen, wenn wir Zuflucht zu den drei Juwelen nehmen und zum Wohle sämtlicher Wesen aufrichtige Liebe und Mitgefühl entwickeln.

Die Kraft der Gegenmittel

Eines der kraftvollsten Gegenmittel ist die Meditation über Vajrasattva und das Rezitieren des 100-Silben-Vajrasattva-Mantras. Sind diese vier Vorstufen da, sind die besten Voraussetzungen für eine erfolgreiche Vajrasattva-Reinigung gegeben.

Wie wirksam diese Praxis ist, hat mein Vater mir oftmals erzählt. Buddha soll folgenden Vergleich angestellt haben: Gleich wie ein Licht einen dunklen Raum umgehend erhellt, vernichtet die Rezitation dieses Mantras das negative Karma, das wir seit anfangsloser Zeit in uns angesammelt haben. Ganz bildlich erklärte es mein Vater, indem er sagte: »Die Kraft dieser Praxis ist unumstritten, wie ein heftiges Feuer verbrennt diese Praxis unser eigenes schlechtes Karma sowie das unserer Mitmenschen. Wenn diese Mantra-Praxis mit der Einhaltung eines ethischen Lebens vereinbart wird, kann das Feuer auflodern und restlos alles Negative vernichten. Ethik ist wie der Wind, der das Feuer erst recht zum Brennen bringt.«

In Tibet war es schon immer selbstverständlich, dass nicht nur Mönche und Nonnen eine intensive religiöse Praxis durchführen dürfen, sondern auch weltliche Menschen diese Praxis in ihren Alltag integrieren können, um in diesem Leben spirituell große Fortschritte zu machen. Um sich aber auf den Vajrayana zu begeben, um die tantrischen Belehrungen, Einweihungen und Initiationen zu empfangen, empfehlen die tibetischen Meister ihren Schülern, ihren Geist und Körper von allen Altlasten zu befreien und die vier vorbereitenden Übungen zu absolvieren. Gerade das Rezitieren des 100-Silben-Vajrasattva-Reinigungs-Mantras und die Praxis der Niederwerfungen stellen einen wichtigen Teil der Vorbereitungsübungen des sogenannten »Ngöndro« dar. Das Besondere daran ist, dass jede der vier Übungen 100.000 Mal praktiziert werden muss.

Genauso wie wir darauf bedacht sind, kostbares, frisches und reines Wasser aus einem sauberen Becher zu trinken, sollte auch unser Geist zunächst mit der Praxis des 100-Silben-Vajrasattva-Mantras vollkommen gereinigt werden. Aber auch Nichtbuddhisten hat mein Vater dieses Reinigungsmantra wärmstens empfohlen, da es seine reinigende Kraft unabhängig von Religion oder Herkunft entfaltet. Wir können es sowohl für uns selbst als auch für andere praktizieren.

Die Praxis der Niederwerfungen

Schön und zum Teil auch lustig war es, wenn mein Vater seinen Schülern die Bedeutung der Niederwerfungen erklärte und sie diese auch mit ihm üben durften. Ich war immer überrascht, dass die Leute sich nicht zierten oder es gar als peinlich empfanden, sich vor anderen, häufig wildfremden Menschen, auf den Boden zu werfen.

Für mich waren diese Praktiken etwas ganz Natürliches, denn ich war sie von meinem Großvater, meinem Pola, gewohnt, der täglich mindestens 100 dieser Niederwerfungen bei uns vor dem heimischen Altar praktizierte. Mein Pola hatte eine ganz eigenwillige Art, die 100 Niederwerfungen zu zählen: Jeden Morgen breitete er eine spezielle Decke aus und holte das Konfitürenglas mit den trockenen Maiskörnern hervor. Er legte dann 100 bereits abgezählte Maiskörner vorne auf die linke Seite der Decke und mit jeder Niederwerfung schob er ein Maiskorn nach rechts. Wenn alle 100 Maiskörner von links nach rechts gewandert waren, hatte er sein Tagespensum erfüllt. Ich bewundere heute noch seine Disziplin und die große Ruhe, die von ihm ausging, sobald er diese Praxis vollbracht hatte.

Mittlerweile frage ich auch die Teilnehmer in meinen Mantra-Workshops, ob sie Lust hätten, einmal in ihrem Leben eine buddhistische Niederwerfungspraxis mit mir durchzuführen. Heute mehr denn je sind die Menschen offen und bereit, etwas auszuprobieren, von dem sie zwar schon einiges gehört und gesehen, es aber noch nie selbst gemacht haben. Die meisten empfinden die Niederwerfungen als eine wohltuende, befreiende Körperübung, andere sind ganz gerührt von der Bedeutung der einzelnen Gesten.

Es gibt die kurze und die lange Niederwerfung; in erster Linie dienen Niederwerfungen auch wieder dazu, negatives Karma aus diesem und früheren Leben zu reinigen. Wir denken an die drei Juwelen der Zufluchtnahme und entwickeln großen Respekt für sie. Wir streben an, ebenfalls den gereinigten Körper, die gereinigte Sprache und den gereinigten Geist Buddhas zu erlangen. Aus dieser großen respektvollen Haltung heraus praktizieren wir Niederwerfungen, die uns wirksam helfen, Stolz und Arroganz zu überwinden.

🪷 Zunächst stellt man sich ganz gerade hin und bringt beide Hände zusammen; die rechte Hand symbolisiert die Methode und das Mitgefühl, die linke die Weisheit. Wir legen beide Hände zusammen, als wollten wir eine Schale bilden, und halten beide Daumen in den Hohlraum. Dies symbolisiert, dass wir nicht mit leeren Händen, sondern mit Juwelen vor Buddha stehen. Der Hohlraum um die Daumen symbolisiert die Leerheit sämtlicher Dinge. Das Zusammenführen beider Hände vereinigt Methode und Weisheit in unserem Herzen. Wir stehen weiterhin gerade und berühren mit beiden Händen in dieser betenden Geste unseren Scheitelpunkt. Damit wünschen wir uns, einmal die typische Scheitelerhöhung der Buddhas zu erlangen. Buddha erlangte diese Erhöhung, als er noch als Bodhisattva unendlich viele Verdienste gesammelt hatte.

🪷 Als Nächstes stellen wir uns den Buddha auf Augenhöhe vor und berühren mit der betenden Geste unsere Stirn. Gleichzeitig stellen wir uns vor, wie vom Buddha vor uns und den anderen 34 Buddhas weißes Licht direkt in unsere Stirn fließt und all unsere körperlichen Verfehlungen wie Töten, Stehlen und sexuelle Übertretungen reinigt.

Wir stellen uns vor, wie wir dadurch die erleuchtete Qualität des Körpers erlangen. Dann berühren wir mit den betenden Händen die Kehle und stellen uns vor, wie rotes Licht vom Buddha und all den 34 anderen Buddhas vor uns in unsere Kehle fließt und die Fehler der Sprache wie Lügen, verletzende Rede, entzweiende Rede, belangloses Geschwätz reinigt. Wir stellen uns vor, wie wir die erleuchtete Qualität der Sprache erlangen. Zum Schluss visualisieren wir zunächst, wie ein blaues Licht von der Herzgegend des Buddhas und der anderen 34 Buddhas in unser eigenes Herz strömt und die Fehler unseres Geistes wie Habgier, Boshaftigkeit und falsche Absichten reinigt. Wir stellen uns vor, wie wir die erleuchtete Qualität vom Geist erlangen.

Nun beugen wir uns nach unten und setzen beide Hände auf dem Boden auf. Die Hände sollten flach nach unten zeigen, ohne die Finger zu spreizen. Wir setzen dann beide Knie auf den Boden und gleiten mit den Händen nach vorne. Dann setzen wir die Hände noch etwas weiter nach vorne ab, damit der ganze Körper auf dem Boden liegt. Wir berühren mit der Stirn den Boden und strecken beide Arme nach vorne aus. Wir bringen beide Hände vorne auf dem Boden zusammen und zeigen mit den Handflächen nach vorne, die Finger nach oben. Diese Geste symbolisiert, dass wir den Buddhas den Juwel darbringen. Ohne lange auszuruhen, richten wir uns wieder auf. Beim Aufrichten stellen wir uns vor, wie wir und alle anderen Wesen durch diese Praxis aus dem Samsara gehoben werden und die Freiheit erlangen.

Während der Niederwerfungen wird meist das Zufluchts-Mantra rezitiert. Man ist aber auch frei, eines der anderen wichtigen Mantras, zum Beispiel das OM MANI PEME HUM, zu rezitieren oder zu singen. Es wird empfohlen, mindestens drei dieser Niederwerfungen als tägliche Praxis in seinen persönlichen Tagesrhythmus einzubauen. Nach oben sind eigentlich keine Grenzen gesetzt. Im Unterschied zur langen Niederwerfung liegt bei der kurzen Niederwerfung der Körper nicht ganz auf dem Boden, sondern nachdem die Knie auf den Boden gesetzt wurden, berührt die Stirn kurz den Boden.

Die Niederwerfungen gelten als eine wichtige Handlung im Leben eines gläubigen Buddhisten. Vergleichbar der Reise nach Mekka, dem heiligen Zentrum des Islams, oder dem langen Marsch auf dem Jakobsweg bis nach Santiago de Compostela, brechen die Tibeter wenigstens einmal im Leben zu ihrer großen Pilgerreise auf: Sie wählen einen heiligen Berg oder ein Kloster und umrunden es mehrfach, während sie sich Hunderte Male zu Boden werfen, niederknien, rutschen, sich auf den Boden legen, wieder aufstehen und Gebete murmelnd weiterschreiten.

In Tibet entschlossen sich die Menschen schon sehr früh, sich eine Auszeit zu nehmen, um sich auf eine Pilgerreise zu begeben, die ausschließlich der Reinigung früherer karmischer Verfehlungen gewidmet wird. Sie waren monate-, ja einige sogar jahrelang unterwegs, um von ihren weit abgelegenen Dörfern zum heiligen Berg Kailash in Westtibet zu pilgern. Dieser Wunsch scheint in den Tibetern tief verankert zu sein, und es gibt eigentlich nichts Erstrebenswerteres, als einmal im Leben eine solche Pilgerreise zu unternehmen.

In meinen Augen zeugt es von einer ungeheuren Disziplin und inneren Stärke, wenn sich einige dieser Menschen dazu entschließen, den Pilgerweg nicht einfach nur zu gehen, sondern ihn in Form der Niederwerfungen zurückzulegen. Mein Mann, der aus Osttibet stammt, erinnert sich noch an seine Mola, die eine solche Pilgerreise von ihrem Dorf in der Nähe von Lithang bis zum heiligen Berg Kailash allein mit Niederwerfungen zurücklegte: eine Strecke von über 2000 km durch teilweise unwirtliche staubige Gegenden und über hohe kalte Pässe. Diese Reisen finden in der Regel in kleinen Gruppen statt, und während der Pilger seine Niederwerfungen absolvierend und Mantra-Formeln murmelnd sich vorwärts bewegt, ziehen die anderen den kleinen Transportkarren, in dem das Zelt und der Proviant verstaut sind. Aus den Berichten von Verwandten und Freunden, die diese Reise unternommen haben, weiß ich, dass eine solche Praxis einen Menschen vollkommen verändert und eine positive geistige Verwandlung stattfindet.

Die Musik zu diesem Mantra und tibetische Musikinstrumente

Die Musik zum 100-Silben-Vajrasattva-Mantra ist sehr eigenwillig. Neben hellen Glockentönen hat der Komponist ein tibetisches Instrument eingesetzt, das diesem Stück etwas Spitzbübisches, Freches verleiht. Es ist die tibetische »Dram-nyän«, eine Art Mandoline oder Gitarre. Ich persönlich mag dieses Instrument besonders gerne, weil es wie kein anderes Instrument die tibetische Musik transportiert und sie ganz »tibetisch« klingen lässt.

Der Klang der tibetischen Gitarre ruft bei mir schöne Erinnerungen an meine Zeit in einer Tanzgruppe in der Schweiz hervor. Ich hätte dieses Instrument gerne spielen gelernt, aber die Tanzgruppe verfügte nur über bescheidene Mittel, und es gab tatsächlich nicht genug Instrumente, um zu üben.

Später hat mir mein Mann eine Dram-nyän beim TIPA, Tibetan Institute for Performing Arts, in Dharamsala, Indien, bestellt, die dann aber doch ein einsames Dasein fristete, weil mein Lerneifer nachließ und sie immer wieder aufs Neue gestimmt werden musste. Umso erstaunter war ich, als mein Produzent Helge van Dyk sie für das Vajrasattva-Mantra einsetzte und ihr solch großartigen Töne entlockte. Seine musikalische Idee: Die Mönche singen dieses Mantra unvorstellbar schnell, und er wollte, dass ich es genauso schnell singe; dieses Tempo hat er dann durch die ruhigen Klänge des Basses gebrochen. Das Besondere daran: Trotz der Schnelligkeit gelingt es, eine beruhigende Stimmung zu erzeugen. Dadurch geht ein neuer Raum auf, und in diesen Raum tritt man im Sinne dieses Mantras gereinigt ein.

Es gibt bei uns natürlich auch andere Instrumente wie zum Beispiel die Flöte, die wir »Ling Pu« nennen. Ursprünglich wurde sie als Tonflöte aus Syrien über Indien nach Tibet gebracht und erst später aus Bambus hergestellt. Im 6. Jahrhundert kamen auch die ersten mandolinenartigen Gitarren und diverse Trommeln aus Nepal nach Tibet, und im 7. Jahrhundert kamen die Tibeter durch die Heirat des tibetischen Königs mit der chinesischen Prinzessin Wen Chen mit einigen chinesischen Instrumenten in Berührung.

Viele Inspirationen bezogen meine Landsleute aus der Musik der Muslime in Kaschmir im 11. Jahrhundert; mit ihnen kamen auch die Zupf- und Streichinstrumente aus Indien nach Tibet. Ein Instrument, das in der tibetischen Musik nicht fehlen darf, ist das Hackbrett, auf Tibetisch »Gyü Mang«, das seinen Ursprung nicht wie vermutet in China, sondern in Griechenland

hat. Auch dieses Instrument fand seinen Weg mit den Handelskarawanen nach China und von dort weiter nach Tibet. Was
für die Mongolen die Pferdekopfgeige ist, ist für die Tibeter die
»Piwang« oder die »Dhetschin« – ein Saiteninstrument, dessen
Ursprünge in Indien liegen und das dort den Jägern angeblich
zum Anlocken der Tiere diente.

Eine alte Form des tibetischen Gesangs nennt sich »Nangma
Töschä«, der – so heißt es in den Überlieferungen –von den
Persern stammt. Im Gegensatz zur abendländischen Kultur
kannte man bei uns lange keine Musiknoten, um Melodien
aufzuschreiben. Erst im Laufe der Zeit wurde ein mit Zahlen
versehenes Notensystem entwickelt, das heute noch eingesetzt
wird. Obwohl es auch Musik im Oktavensystem gegeben haben
soll, kenne ich in der tibetischen Musik nur solche, die im
Pentatonik geschrieben ist. Die Lieder wurden aber meist nach
Gehör weitergegeben.

Hochangesehen waren unsere »Lingdrung«, eine Art Minne-
sänger, die sich von den westlichen kaum unterschieden: Es
waren Erzähler, die von Stadt zu Stadt zogen und mit ihrem
Gesang die neuesten Geschichten, die neuesten Trends oder
auch die Sorgen des Volkes verbreiteten. Innerhalb Tibets übernimmt die gesungene Poesie (»gur«) der säkularen Musik, die
von alters her mündlich überliefert wurde, die wichtige Aufgabe eines kollektiven Gedächtnisses. Da die Texte dieser Lieder
früher auch die breite Masse der analphabetischen Bevölkerung
erreichten, ließen sich so Nachrichten und neue Ideen weit verbreiten. Auch unter den veränderten gesellschaftlichen Verhält-
nissen bilden Lieder ein Mittel der Verständigung, wobei sich
die einst buddhistischen Inhalte der »gur«-Liedgattung in eher
politische Texte verwandelten. Die Tradition der »gur«, das

kollektive Leiden und Erzählungen von Heldenmut in Liedern zu verarbeiten, ist auch heute noch weit verbreitet.

Die tibetische Musik hat mich als Kind sehr geprägt, da sie eine wichtige Quelle darstellt, die tibetischen Wurzeln lebendig zu halten. An den Wochenenden hatte ich die Möglichkeit, mit gleichaltrigen tibetischen Kindern zu musizieren, zu tanzen und zu spielen. In der Tanzgruppe kam man nicht nur mit seinesgleichen zusammen, sondern lernte auch neue Lieder und Tänze. Es gab Tänze für die Erwachsenen und Tänze für die Kinder. Mit meinen erst sieben Jahren war ich die jüngste unter ihnen und durfte zwar alle Tänze lernen, aber in der Gruppe nicht mittanzen, da es nur fünf Jungen gab und zu viele Mädchen. So musste ich mich mit einem Solotanz – dem sogenannten Schmetterlingstanz – begnügen, der kaum mehr als drei Minuten dauerte, aber umso berührender gewesen sein muss. Mit diesem Tanz wurde ich im Mai 1967 sogar in die damals prominenteste Schweizer Quizshow »Dopplet oder nüt« mit der Talkmaster-Legende Manfred »Mäni« Weber eingeladen, als es um das Thema Tibet ging. Das war eine Sensation für das kleine Dorf Ebnat-Kappel, als plötzlich das Tibeter-Mädchen, das dort lebte, in der großen Schweizer Fernsehsendung zu sehen war. Meine Eltern und meine Großeltern waren natürlich sehr, sehr stolz auf mich.

Heute denke ich, dass der Samen für meine musikalische Laufbahn wohl bereits damals als siebenjähriges Mädchen gelegt wurde, und ich bin für alles, was inzwischen mit der und durch die Musik geschehen durfte, zutiefst dankbar. Dass meine Stimme mittlerweile weltweit die Menschen berühren darf, geschieht deshalb, weil die Menschen ein echtes Bedürfnis nach innerer Ruhe und geistigem Frieden verspüren und den Wunsch, ihrem Leben einen Sinn zu geben.

Mantras und ihre Wirkung

Die Leute, die zu mir in die Konzerte kommen, sind nicht zwingend Buddhisten, Tibeter oder erklärte Freunde Tibets. Es ist auch gar nicht nötig, die Texte zu verstehen, denn sie wirken auch so. Mit dem ersten Ton eines Mantras spüre ich, wie ich beinahe wie von selbst den Blick nach innen wende und dort einen freudvollen inneren Zustand vorfinde, der zunächst einmal einfach beruhigt und ein Gefühl der großen Geborgenheit hervorbringt. Ein Mantra ist für mich wie der Schlüssel, der das Tor zu jenem Raum öffnet, in dem sich der größte denkbare Schatz für uns befindet. Es ist der Schatz der leuchtenden Gewahrsamkeit, der wie ein funkelnd strahlender Juwel unsere innere Welt erhellt und uns erfahren lässt, dass wir weit mehr sind als nur ein materielles Wesen. Hinter den unendlichen, nicht enden wollenden Gedanken, Gefühlen, Empfindungen von Hoffnung, Erwartung und Enttäuschung befindet sich das Wesen unseres Geistes, das nichts anderes ist als helles, klar strahlendes Licht wie der wolkenlose, grenzenlose blaue Himmel. Es ist dieses innere Licht, das die Buddhisten die wahre Natur des Geistes nennen, und das, was wir in unserer wahren Essenz sind.

Unser beschränktes Vorstellungsvermögen verleitet uns immer wieder dazu, uns mit unseren Gefühlen, Gedanken und Verwirrungen im Geist zu identifizieren. Wie Buddha gelehrt hat, trägt jedes einzelne Wesen dieses unbeschreiblich große Potenzial der Buddhaschaft in sich. Es ist von Anfang an da gewesen und wird immer da sein. Wir müssen es von niemandem, nicht einmal von Buddha selbst, erbitten oder gar darum betteln. Es ist unsere ureigene Natur, und wir sind untrennbar mit ihr verbunden, weil wir ein Teil der Urkraft dieses universellen Feldes sind. Niemand kann uns dieses Potenzial stehlen, es schmälern oder gar zerstören. Weil dieses positive Feld erfüllt ist von Liebe, Mitgefühl, Freude und Gleichmut, fühlen wir Menschen uns unmittelbar an diese Kraft angeschlossen, sobald diese Qualitäten in unseren Herzen angesprochen werden. Die leidvollen belastenden Gedanken, die aufgrund der drei Geistesgifte Gier, Hass und Unwissenheit entstehen, bewirken das Ausgeschlossensein und erwecken traurige und belastende Gefühle von Ängsten und Einsamkeit.

Mantras und ihre Wirkung auf den feinstofflichen Körper

Das tausendfache, ja sogar millionenfache Wiederholen eines Mantras hat nach unserer Überzeugung die Kraft, unseren feinstofflichen Körper positiv zu beeinflussen und somit jede Zelle, jedes Atom unseres Körpers mit dieser kosmischen Energie zu nähren. Diese Transformation kann aber erst durch die Kraft des Prana geschehen, die den menschlichen Geist überhaupt befähigt zu denken. Die Inder nennen es »Prana«, die alten Chinesen nennen es »Chi«, und bei uns Tibetern spricht man von »Lung«. In den alten Yoga-Schriften wird das Pferd als das Symbol für das Lung und der Reiter als das Symbol für unseren Geist betrachtet. So, wie das Pferd den Reiter überallhin trägt, reitet unser Geist auf dem Lung. Beide sind untrennbar miteinander verbunden. Die Qualität unseres Lung, also unserer Lebensenergie, ist sehr wesentlich für die Arbeit und den Zustand unseres Geistes.

Der Wind spielt eine wichtige Rolle im feinstofflichen Körper. So spricht man von den fünf verschiedenen Winden im Körper: dem lebenserhaltenden Wind »Sog dzin«, dem aufsteigenden Wind »Gyen-gyur«, dem durchdringenden Wind »Kyab Dsche«, dem feuerbegleitenden Wind »Me-Nyam« und dem abwärtsfließenden Wind »Thur Sel«.

Grundsätzlich sprechen die Tibeter von drei verschiedenen Geistesarten: der groben Geistesart, der subtilen Geistesart und der sehr subtilen Geistesart. Die grobe Geistesart ist diejenige in unserem normalen Wachzustand. Die subtile Geistesart ist diejenige im Schlaf und im Todesprozess. Die sehr subtile Geistesart ist das, was wir den unzerstörbaren Geist der Buddha-Natur nennen. Dieser sehr subtile Geist geht in die nächste Wiedergeburt über.

Um die enorme Bedeutung des Windes hervorzuheben und zu unterstreichen, tragen die typischen Gebetsfahnen oft ein schönes »Windpferd«. Der Wind hat die Kraft, die Gebete, die Mantras, in alle Richtungen zu tragen und Mensch, Tier und Umwelt zu schützen und die Elemente im Gleichgewicht zu halten.

Im »Praxisbuch der tibetischen Meditation« beschreibt mein Vater, dass wir Menschen dem tibetischen Denken zufolge nicht nur einen grobstofflichen, materiellen Körper haben, sondern auch einen feinstofflichen. Dieser unsichtbare feinstoffliche Körper besteht aus mehreren Chakren (mindestens 4 und höchstens 18) und den ebenso unsichtbaren 72.000 Kanälen, die in unterschiedlicher Größe den ganzen Körper wie ein im Sonnenlicht reflektierendes Spinnennetz umspannen und ihn mit Lung versorgen. Man kann sich vorstellen, dass der Körper wie ein großes Ackerfeld ist, das von vielen Kanälen durchzogen ist, durch die das Wasser geleitet wird, um das Feld gleichmäßig mit Wasser zu versorgen. Wenn diese Versorgung ungehindert vonstattengeht, fühlt sich der Mensch ausgeglichen und gesund.

🌸 Unter den 72.000 Kanälen gibt es drei besonders wichtige: Der Hauptkanal ist blau und wird »Uma« genannt, er steht mit dem Element Raum und somit dem Universum in Verbindung. Der rechte Kanal ist rot, wird »Roma« genannt und ist mit der mütterlichen Energie der Eizelle verbunden. Der linke Kanal ist weiß, wird »Kyangma« genannt und steht mit dem männlichen Prinzip der väterlichen Energie des Samens in Verbindung. Die obere Öffnung des Roma ist die rechte Nasenöffnung, und unterhalb vom Bauchnabel führt er in den mittleren Kanal hinein. Genauso entspricht die obere Öffnung des Kyangma der linken Nasenöffnung und führt unterhalb des Bauchnabels in den mittleren Kanal hinein.

Gemäß tibetischer Auffassung fließt die Energie, die mit Hass und Abneigung zusammenhängt, durch die rechte Nasenöffnung, Energie, die mit Gier und Anhaftung zusammenhängt, durch die linke Nasenöffnung. Gelingt es uns jedoch, die Energie in den Nasenöffnungen zu harmonisieren und die Lebensenergie Lung in den Zentralkanal zu leiten, entstehen in uns übersinnliche Fähigkeiten, natürliche Glücksgefühle und transzendentale Erkenntnis.

Seit ich selbst Seminare und Workshops im Mantra-Singen oder JEWEL Tibet Dance gebe, versuche ich vieles von dem, was ich von meinem Vater mit auf den Weg bekommen habe, den Teilnehmern so gut ich kann weiterzugeben. Dadurch, dass ich mich in beiden Welten zu Hause fühle, vermag ich beide Seiten gut in mir zu vereinen und auch zu vermitteln. Als ich 2012 auf einem meiner Konzerte in San Francisco den bekannten amerikanischen Meditationslehrer und Bestsellerautor Jack Kornfield traf, schilderte er seine Beobachtung, dass meine Art des Mantra-Gesangs die Menschen direkt in ihrem tiefsten Inneren berühre und ihnen das Dharma auf wunderbare Weise näherbringt. Er nannte mich »a modern translator of the Dharma«.

Die Seminare beginne ich meist mit einem Wunschgebet, dass es mir gelingen möge, all den Menschen, die ich durch meine Musik erreichen darf, meine Erfahrung des Angeschlossenseins an die große Urkraft zu teilen. Es kommen Menschen aller Altersgruppen zu meinen Kursen. Es sind immer noch vorwiegend Frauen, aber seit meinem letzten Album JEWEL gelingt es den Teilnehmerinnen auch, ihre Männer mitzubringen. Eine von ihnen erzählte, dass sie regelmäßig verschiedene Kurse besuche, aber es sei das erste Mal, dass sie ihren Mann dazu bewegen konnte, sie zu begleiten, da er meine Musik als sehr wohltuend empfinde. Manche kommen, weil sie von mir lernen wollen, die Mantras, die sie seit Jahren im Alltag begleiten, zu singen, andere, weil sie gerne mehr in die Tiefe gehen und die Bedeutung dieser heilsamen Silben näher kennenlernen möchten. Vermehrt kommen auch junge Manager auf mich zu, die gestehen, dass sie die CD JEWEL hören, bevor sie in ein Meeting gehen, um sich zu sammeln und klar im Kopf zu werden.

Meditationsübung,
um zur Gelassenheit zurückzufinden

In Situationen, in denen starke, ja geradezu zerstörerische Emotionen vorherrschen, rate ich ihnen zu folgender Übung, die sehr wirkungsvoll sein kann. Jeder von uns kennt Situationen, in denen wir von einer Sekunde auf die andere in Rage geraten, sei es, weil wir zu Unrecht beschimpft, beschuldigt oder betrogen werden oder weil wir eifersüchtig sind. Es gibt keinen Menschen, der nicht innerhalb eines Wimpernschlags eine zerstörerische Kraft des Geistes entwickeln und zu einem kleinen Despoten werden kann.

Gerade in solchen Momenten hilft es zum Beispiel, das Reinigungsmantra OM VAJRA SATTVA HUM zu sprechen.

Ich übe diese Meditation mit den Leuten, die zu mir kommen, indem wir zunächst ganz bewusst ganz langsam einatmen, den Atem ein wenig halten und beim Ausatmen deutlich OM VAJRA SATTVA HUM sprechen und dabei die letzte Silbe HUM so lange wie möglich aushalten. Bereits das dreimalige Wiederholen dieser Übung hilft, wieder Ruhe und Klarheit im Geist zu erlangen.

Es ist zum einen die Kraft des Mantras, dann die Kraft des Atems, der die Fähigkeit hat, unseren Geist unmittelbar zu beruhigen, und zuletzt die Kraft unserer heilvollen Motivation, zum Wohle aller diese Emotionen erfolgreich zu überwinden. Ich singe dann auch keine Melodie mit diesem Mantra, sondern halte die Klänge sehr gerade. Es geht hier darum, unsere Stimme im Inneren vibrieren zu lassen, um mit der Heilkraft des Mantras alle inneren Blockaden in den Chakras aufzulösen und diese wieder durchlässig zu machen, damit unser Lung (Sanskrit: Prana) wieder frei fließen kann. Meine Empfehlung lautet, dieses Mantra beim nächsten Mal, wenn jemand wieder in eine solche Situation gerät, zu praktizieren. Selbst wenn es im ersten Ansatz noch nicht so richtig greifen sollte, die Wut wird mit Sicherheit um bis zu 50 Prozent abgefedert werden.

Wenn ich solche Übungen empfehle, bedeutet das selbstverständlich nicht, dass wir unsere Gefühle verdecken, verdrängen oder ignorieren sollen. Im Gegenteil: Jeder hat das Recht, seine ehrliche Meinung kundzutun, auch wenn es dabei ab und zu heftig zugehen mag. Der kleine Vorteil, den wir Buddhisten vielleicht aus unserer Geistesschulung schöpfen mögen, ist, dass wir die Methoden der Meditation und des Mantra-Rezitierens geschickt einsetzen können, um uns gerade rechtzeitig von der unkontrollierbaren Wut abzuwenden und uns nicht selbst hilflos in die Spirale der zerstörerischen Energie hineinzutreiben. Obwohl es nicht immer gleich gut gelingt, gibt es einem ein gutes Gefühl, zu wissen, dass wir doch die Möglichkeit haben, das Steuer rechtzeitig wieder herumzureißen und nicht mit ansehen zu müssen, wie wir – den Emotionen hilflos ausgeliefert – etwas unwiederbringlich zerstören.

In solchen Momenten, so denke ich, ist es ein Segen, zu erkennen, dass alles im Grunde unvollkommen, vergänglich und ohne wirkliches Selbst ist. Es sind dies die drei Merkmale der bedingten Existenz, die Buddha gelehrt hat. Denn wenn wir genau in diesen Momenten diesen Gedanken in unser Bewusstsein holen, hilft es uns dabei, uns aus diesen Konflikten möglichst unbeschadet zu lösen. Bereits Minuten später kann die Welt schon wieder ganz anders aussehen, zu dumm nur, wenn wir aus Schwäche und Kurzsichtigkeit unsere Mitmenschen unnötig verletzen, ohne dass wir das wirklich beabsichtigt hatten, nicht wahr? Wir sollten unseren eigenen inneren Despoten zähmen und ihm nicht zu viel Raum geben, da er nichts mit unserer wahren Natur zu tun hat. Er muss wissen, dass er eigentlich kein gern gesehener Gast ist; wenn er also ab und zu doch uneingeladen vorbeischaut, muss er lernen, sich zu benehmen.

Umgekehrt hilft es uns, wenn wir die wütende Person als hilfloses Wesen betrachten, das im Grunde nicht böse ist, sondern vorübergehend von einem unberechenbaren Sturm ergriffen wurde und quasi blind für das Wesentliche herumtaumelt. In einer solchen Situation wird sehr viel Geschick von uns erwartet, denn jede kleinste Provokation kann das Ganze in die Eskalation treiben. In solch hochemotionalen, widrigen Situationen die Nerven zu behalten und die Tugend der Geduld zu üben wird als große spirituelle Praxis erachtet. Bei uns sagt man, dass das Sich-in-Geduld-Üben, auf Tibetisch »Sö Pa«, die Ursache für ein attraktives Aussehen im nächsten Leben schafft, was der ganzen Sache auch ein optisches Happy End beifügt.

Am Ende eines Kurses bin ich immer zufrieden, wenn sich die Teilnehmer mit einem erfüllten und von Glück beseelten Ausdruck im Gesicht verabschieden. Das heißt für mich, dass es mir gelungen ist, ihnen wunderbare Werkzeuge mitzugeben, um sich jederzeit, wo immer sie auch sind, den Weg zur inneren Quelle ihrer ureigenen Kraft und des grenzenlosen Lichts freizuschaufeln. Dann denke ich an meine Amala und widme, wie sie es mich gelehrt hat, all die positive Energie, die in diesem Raum entstanden ist, dem Wohle aller Lebewesen, mit denen wir alle aufs Engste verbunden sind, um sie alle ins Glück zu führen.

Welche unmittelbaren Effekte die Mantras auf Patienten haben können, erfuhr ich durch meinen Mann. Als Naturheilarzt ließ er bereits vor mehr als 15 Jahren einfache Aufnahmen, bei

denen ich als Künstlerin in verschiedenen Produktionen mit-
gewirkt hatte, in seiner Praxis für die Patienten laufen. Wann
immer meine Stimme zu hören war, so seine Beobachtung,
konnten sich die Patienten besonders gut entspannen. Sie beschrieben ihm anscheinend, dass meine Stimme in ihnen starke
Gefühle der Entspanntheit und großer Geborgenheit hervor-
rief und dass sie ihnen ein schönes Gefühl der Zuversicht, des
Urvertrauens, des Glücks und der inneren Zufriedenheit ver-
leihe. Sie verstanden zwar kein Wort von dem, was ich sang,
aber trotzdem berührte es ihre Herzen auf einer speziellen
Ebene. In den verschiedenen Therapeutenkreisen hat sich das
herumgesprochen, und immer mehr Yoga- und Tai-Chi-Thera-
peuten setzen meine Alben im Sinne einer Musiktherapie ein.

Zu den wichtigsten Dingen in meinem Leben zählen die Begegnungen mit Menschen, die mir davon berichten, was meine
Musik und die Mantras in ihrem Leben ausgelöst haben. Es
sind Geschichten von Liebe und Trost, von Hoffnung und Zuversicht. Diese Geschichten und Erlebnisse berühren mich zutiefst, sind sie doch gelebte Beispiele der Verbundenheit und
Resonanz in Zeiten von Schmerzen und Krankheit. Es sind
Menschen, die mir anvertrauen, dass meine Musik ihnen in ihrer schwersten Zeit enorm viel Trost und Kraft gespendet hätte.
    Mehr als einmal berichteten Frauen aus ganz unterschiedli-
chen Kulturen, dass sie während ihrer Schwangerschaft nahezu
ausschließlich meine Musik hörten und selbst während der Geburt im Kreißsaal auf die Melodien nicht verzichten wollten. So
höre ich immer wieder von diesen kostbaren Augenblicken, in
denen ein Kind begleitet von heilsamen Klängen in unsere Welt
eintritt und wie diese Mütter trotz der Schmerzen eine tiefe
Ruhe empfinden. Ein älterer griechischer Geschäftsmann be-

deutete mir nach einem Konzert in Athen, dass er zum ersten Mal nach sehr langer Zeit wieder sein Herz gespürt habe.

Ein ebenso kostbarer Moment ist derjenige, in dem wir diese Welt verlassen. Töchter und Söhne, Freunde und Bekannte berichten davon, dass sie ihre Liebsten in diesem Moment mit der Musik eines Mantras begleitet haben und wie friedlich dieser Prozess des großen Übergangs verlaufen konnte.

Als Botschafterin zwischen den beiden Welten, deren einziges Mittel die eigene Stimme ist, freue ich mich natürlich auch, wenn Künstlerkollegen meine Musik aus ihrer Sicht kommentieren. Nachstehend einige Äußerungen im Originalwortlaut von Menschen, mit denen ich zusammentraf, mit einigen von ihnen fanden gemeinsame Auftritte im Rahmen künstlerischer Projekte statt, andere inspirierten mich durch ihr Engagement für ihre eigene Sache:

Mrs. Jetsun Pema (sister of His Holiness the Dalai Lama of Tibet)
»Dear Dechen la, your songs are loved by so many people and they feel the peace and the spirit of the Tibetans. Do keep on sending this message to wherever you go. Wishing you much success. With best wishes and warmest regards, Jetsun Pema«

Professor Robert Thurman (Professor of Buddhist Studies, Columbia University)
»Dechen's voice is musically enchanting, magically entrancing, and conveys the mystic calm and clarity of wisdom and compassion. Her pure voice cuts through the veil of mental static and succeeds in a direct sharing of their deep sense of immanent peace and bliss, from heart to heart. It conveys the Dharma in all its brilliant reality.«

Bob Wilson (Theater Director, Watermill, New York)
»For Dechen: Thank you for your voice which touches all of us
and makes us deeply aware that all of us have hearts that beat
together giving us a freedom of space of our own. It means so
much for me to work with you. LOVE ALWAYS, Bob«

Donghua Li (in der Schweiz lebender chinesischer Weltmeister,
Olympiasieger)
»Ich schätze Dechen nicht nur als Künstlerin, die mit ihrem Gesang der tibetischen Mantras überall die Menschen unglaublich
berührt, sondern auch als Botschafterin für eine friedliche Ko-
existenz zwischen Tibetern und Chinesen.«

Chris von Rohr (Krokusgründer, Musikproduzent)
»Ich begleite Dechen seit vielen Jahren als Freund und Creative
Adviser. In dieser zunehmend hektischen Zeit ist ihre Musik wie
Medizin. Sie gibt uns Mut, Kraft und Freude, durchs Leben zu
gehen. Ihre letzte CD ist eine echte Bereicherung für jede breit
gefächerte Musiksammlung. Und live ist die Lady mit der sanften, hypnotischen Stimme schlicht ein Ereignis – ein Segen.«

Martin Tillman (Cellist, Los Angeles [Hans Zimmer Team])
»Thanks to my wonderful friend Helge I got to be a part of this
very beautiful and mystical Project with Dechen. it was great
fun!«

Bruno Baumann (Bergsteiger, Expeditionsführer)
»Dechen Shak-Dagsay lebt, was sie in ihren Liedern besingt.
Ihre Musik ist die Stimme Tibets, in der die Spiritualität und
der kulturelle Reichtum des Schneelandes ihren künstlerischen
Ausdruck findet.«

Es freut mich natürlich, wenn uns Tibetern, wohin wir auch kommen, vom ersten Augenblick an große Sympathie entgegengebracht wird. Zugegeben, ich mag sie ja auch, diese strahlende, fröhliche, lebensbejahende Art. Aber auch wir Tibeter sind gleich schlecht oder gleich gut wie alle Menschen dieser Welt. Mit genau denselben positiven wie Leid bringenden Gefühlen, die wir in uns tragen, sind auch wir nicht über alle Dinge erhaben und vor allem nicht schon alle halb erleuchtet, wie die meisten vermuten. Bei uns in Tibet gibt es leider auch böswillige Menschen, die kaltherzig sein können und die die eigenen Leute quälen, genauso wie es gutherzige Chinesen und Chinesinnen gibt. Ich habe das selbst auf meinen Reisen durch Tibet erlebt, und deshalb ist für mich nicht die Herkunft oder die Glaubenszugehörigkeit für die Qualität eines Menschen maßgebend, sondern seine wahre Güte und Menschlichkeit.

Sobald wir unsere Herzen öffnen und unseren Blick nach innen richten, ist es, als ob wir wie bei »Aladin und die Wunderlampe« in die größte Schatzkammer eintreten. Deshalb habe ich mein Album »JEWEL – Joyful Heart through precious Tibetan Mantras« genannt und freue mich, dass dieses Album es wie kein anderes schafft, die Herzen so vieler Menschen zu öffnen. Ich bin dankbar, dass es mir vergönnt ist, mit meiner Stimme den Menschen hier im Westen eine Quelle der Inspiration und des Glücks zu sein und dadurch zugleich im fernen Tibet für die Menschen eine Hoffnungsträgerin und konkrete Hilfe sein zu dürfen. Ich kann meinen Fans und den Liebhabern meiner Musik nicht genug danken, dass sie mich über all die Jahre in ihren Herzen getragen haben, und freue mich, wenn wir auch in Zukunft miteinander über die Musik und meine anderen Aktivitäten verbunden bleiben.

Danksagung

Ohne den Beitrag, die Inspiration und die Motivation einiger Menschen, wäre dieses Buch nicht zustande gekommen.

Ich danke

Meinem Vater, dem ehrwürdigen Dagsay Rinpoche, für all seine Lebensweisheit und liebevolle Unterstützung sowie für all die wunderschönen Texte, die er seit Jahren für meine Musik geschrieben hat und für die Erlaubnis, aus seinen zahlreichen Vorträgen und Belehrungen zu zitieren.

Meinem Mann Dr. Kalsang Shak, der mich auf diese Gesangslaufbahn gebracht und mich nicht nur auf diesem Weg, sondern in allen Bereichen meines Lebens auf seine wunderbare Art unterstützt.

Meinen Töchtern Yuri Lhamo und Tara Lhanzey, die mir meine Welt bedeuten.

Meinen Schwestern Dolkar Dagsay und Dega Faoro Dagsay, die als erste mein Manuskript lasen und deren Meinungen und Anregungen mir sehr wichtig waren.

Meinen beiden Onkeln Zatul Rinpoche und Lobsang Zatul, auf deren wertvolle Hilfe ich immer zählen darf.

Meiner Tante Yischi Lhadon Jordenkhangsar, die mir gerne half, unsere bewegte Familiengeschichte aufzuzeichnen.

Dem tibetischen Meditationsmeister Loten Dahortsang, Klösterliches Tibet-Institut Rikon, Schweiz. Ich schätze mich sehr glücklich, dass sich Loten la als renommierter Meditationslehrer dazu bereit erklärt hat, mein Buch auf inhaltliche Fehler zu prüfen.

Pater Jean Sebastien, Benediktiner Kloster Einsiedeln, Schweiz, für seine Offenheit, als katholischer Mönch, zusammen mit seinen Mitbrüdern meine allererste CD »DEWA CHE« zu hören und mich in das Kloster einzuladen.

Meinem Produzent, Freund und Wegbereiter Helge van Dyk, der meine Musik prägt und mir mit seinen einfühlsam, starken Kompositionen hilft, die alten Weisheiten meiner Kultur für das 21. Jahrhundert erfahrbar zu machen.

Meinem Freund, Manager und Berater Andreas Oliver Finke, der in seiner eleganten und stilvollen Art alles in die richtigen Bahnen führt.

Meinen Freundinnen Ariane Frey und Gina Schmidheiny – für ihre Freundschaft.

Meiner Verlegerin Karin Stuhldreier, die immer an das Projekt glaubte.

Meiner Co-Autorin Anne Rüffer, die meine unzähligen vollbeschriebenen Blätter strukturiert und lesbar gemacht hat.

Anhang

DEWA CHE Foundation

2010 konnte ich Dank der Erlöse aus dem Musikprojekt BEYOND (mit Tina Turner und Regula Curti) die Non-Profit-Organisation DEWA CHE gründen und trat damit in gewisser Weise das Erbe meiner Mutter an, die ich sehr verehrte. Wir Künstlerinnen verzichten zugunsten sozialer Werke auf unsere Einnahmen und führen diese direkt unseren jeweiligen Engagements zu. Es lag nahe, dass ich die tibetische Kultur, ihren Erhalt und Schutz nachhaltig unterstützen würde. Hilfe zur Selbsthilfe war mein Ziel.

Projekt Nähschule

2010 reiste ich mit meinem Mann, Dr. Kalsang Shak nach Chokri im Osten Tibets. Die Begegnung mit dem Mönch Lobsang Dawa war wegweisend. Er war sofort bereit, sein Wissen, sein Handwerk, sein Herzblut und Engagement der traditionellen tibetischen Nähkunst an junge Tibeterinnen und Tibeter der Region weiterzugeben. Das Projekt konkretisierte sich und wir gründeten eine Nähschule, die heute über 100 jungen Menschen eine eigenständige, berufliche Existenz erlaubt. Sie konnten nach der Ausbildung kleine Ateliers gründen und durch das Nähen von tibetischen Alltagskleidern, Mönchs- oder Nonnenbekleidung, kleinen Taschen und anderes für sich selbst und oft auch für ihre ganze Familien sorgen.

Wie jede Stiftung ist auch meine dankbar für jede Art der Unterstützung. Durch eine sehr überschaubare Organisation weiß ich, wo genau das Geld investiert wird und wo Bedürfnisse bestehen. Anfänglich brauchten wir vor allem Nähmaschinen.

Durch meine Freundin Ariane Frey lernte ich den CEO, Claude Dreyer, und den Inhaber, H. P. Ueltschi, der renommierten Firma Bernina kennen, die unter diesem Namen die weltweit bekannten Nähmaschinen herstellt. Sie kannten mich durch mein Solo-Album »JEWEL« und wurden über meine Homepage auf mein Projekt Nähschule aufmerksam. Bernina übergab der Nähschule spontan 40 hochwertige Nähmaschinen. Ein Teil dieser Maschinen ist nun in Chokri (Osttibet), der andere Teil in der damals bereits bestehenden Nähschule des Tibetan Children's Village, Dharamsala in Indien im Einsatz.

Durch den Erfolg meiner Musik und dank privater Gönner waren 2013 genügend finanzielle Mittel bei DEWA CHE vorhanden, um ein zweites wichtiges Projekt zu realisieren.

Projekt Autowerkstatt

Das wichtigsteTransportmittel in Tibet ist mittlerweile wie überall auf der Welt das Auto. Es gibt jedoch nur wenige qualifizierte tibetische Automechaniker und so haben wir vor zwei Jahren eine Schule für Automechaniker gegründet. Sie bietet für 18 junge Tibeter eine Ausbildung und ist in ganz Tibet die erste Ausbildungsstätte dieser Art. Ideal wäre eine Partnerschaft mit einem Autohaus in der Schweiz – ich werde mich weiter engagieren und würde mich sehr freuen, auch für dieses wichtige Projekt einen idealen Kooperationspartner zu finden.

Es ist nicht selbstverständlich, dass mir, meiner Kunst, Arbeit und Projekte so viel Empathie, Offenheit und Wohlwollen entgegengebracht wird. Es ist die schönste Motivation weiterzumachen.

Ich möchte Ihnen allen von Herzen dafür danken.

Ihre Dechen Shak-Dagsay

www.dechen-shak.com

www.dewache-foundation.com

Dechen Shak-Dagsay – ihre Lieder, ihre Welt

Seit 2010 besteht die Formation »JEWEL-Ensemble«, die auf Konzert-Tourneen das Publikum begeistert. Einzigartig in diesem Ensemble ist die Kombination: Westliche Musiker, vorwiegend aus der Klassik stammend, interpretieren und spielen die Kompositionen zu uralten fernöstlichen Weisheiten und unterstützen die Künstlerin in ihren Live-Konzerten auf höchstem Niveau. Die Mitglieder sind: Dieter Dyk (Percussion), Daniel Pezzotti (Cello), Jürg fuyûzui Zurmühle (Flutes), Helge van Dyk (Piano).

Alle ihre bisher erschienenen Alben sind im Handel, auf *i-tunes* oder auf der Homepage *www.dechen-shak.com* erhältlich.

«Day Tomorrow - Mantraklang des 21. Jahrhundert
transportiert Spiritualität, Mitgefühl und Zuversicht.
Mein innigster Wunsch ist es die Menschen mit dieser
Musik zu berühren» Dechen

www.dechen-shak.com